U0660323

武汉 长沙 衡阳

荆楚文化

湘鄂

高文麒

深度旅行

经济科学出版社

图书在版编目（CIP）数据

湘鄂荆楚文化 / 高文麒著. -- 北京 ：经济科学出版
社，2013.8
ISBN 978-7-5141-3411-7

Ⅰ.①湘… Ⅱ.①高… Ⅲ.①文化史-湖南省②文化史-湖
北省 Ⅳ.①K296

中国版本图书馆CIP数据核字（2013）第097323号

责任编辑：张　力　周　游　李　娅
责任印制：王世伟

湘鄂荆楚文化
（文化中国系列）
高文麒　著

经济科学出版社出版、发行　新华书店经销
社址：北京市海淀区阜成路甲28号　邮编：100142
总编部电话：010-88191217　发行部电话：010-88191522
网址：www.esp.com.cn
电子邮件：esp@esp.com.cn
天猫网店：经济科学出版社旗舰店
网址：http://jjkxcbs.tmall.com
北京画中画印刷有限公司印装
710×1000　16开　13.5印张　200000字
2014年3月第1版　2014年3月第1次印刷
ISBN 978-7-5141-3411-7　定价：49.80元
（图书出现印装问题，本社负责调换 电话：010-88191502）
（版权所有　翻印必究）

负责任的文化旅游

　　我的朋友高文麒，台北大稻埕人，对文化、历史、建筑、城市、饮食，有浓厚兴趣，可谓博文通达。高君旅居中国大陆多年，经常背着背包自助旅行，以火车、汽车为交通工具，穿插步行。今有机会撰写《文化中国》旅行丛书，嘱我在前面对读者们说几句话。

　　旅游书对旅游者而言，尤其是自助旅游的旅游者而言，可以说是提供了最重要的认识地方的角度，也是旅游者的行为指南，实在重要。过去我自己去欧洲旅行，Michelin的旅游书就是最好的向导。高君见多识广，将旅游路线以区域文化作为划分，是很好的构想，这也确实是认识中国的重要角度。以北京为中心的京城文化，到以西安为中心的关中汉唐文化，扬州、镇江、淮安的盐商文化，贵阳、凯里、安顺的苗侗文化……十余个区域，真是充满魅力、名副其实的文化之旅。假以时日，若能再加上上海、南京、珠三角，甚至是更遥远的内蒙古、西藏、新疆维吾尔等少数民族的自治区，就更丰富了。

其次，对旅游书的读者言，尤其是在当前，格外重要的是，近年一再被提到的"负责任的旅游"(Responsible Tourism)，它强调背后的旅游者态度其对立面就是大众旅游。大众旅游对地方文化与生态的破坏性结果，已经引起了注意。这不只是"上车睡觉，下车尿尿"以及其他更糟糕的旅游消费行为而已，旅游者对地方的凝视，其实代表着不平等的权力关系建构。过去的台湾经验中，日本的买春观光客、"冷战"时期美国大兵的行径留下的伤害，今天岂能由我们来复制于他处？旅游消费行为若只是有"钱大爷"的表现，最后必然是自取其辱。负责任的旅游强调的是旅行者与地方的人和地之间的平等关系建构，也是深度的文化与生态之旅对旅行者主体自觉的要求。这样，地方也才会回报旅者以对话沟通、彼此了解以至于旅游之乐。

旅游者经由这些地方，这些可以称作异乡的地方，会像是一面镜子一般，让旅客更加认识自己的家乡，了解自身，直至最后，改变自身。

夏铸九

台湾大学建筑与城乡研究所教授兼所长

关于我，以及我的文化行旅

当时我还是外企派驻内地的台胞，某个冬夜，津京高速公路上，突然急刹车把我惊醒。睁眼一看，车头灯正照着路标，亮晃晃的"廊坊"两个大字。好熟悉的名字，到底在哪里见过？迷迷糊糊中猛的一惊，原来高中历史课本八年抗战那一章提到过，《吴佩孚传》里直奉战争那一段也提到过。远在天边的廊坊突然近在眼前！

刹那间，自己跟这块土地的渊源鲜活了起来，原来自己并不是外来者，只是回到阔别已久的原点。过去背得死去活来的历史、地理，原来就在这块土地上活生生的上演！

背包生涯就从那一天开始——

眷恋深厚的文化土壤，随着时间的长河行走。从蓟州、华亭、金陵、长安、洛阳、江夏、江都、江宁、刺桐……到北京、上海、南京、西安、洛阳、武汉、扬州、苏州、泉州……一站漂过一站。

李冰、司马迁、郦道元、谢安、王维、李白、苏东坡、王阳明、郑板桥、鸠摩罗什、玄奘、曹雪芹、徐霞客、张大千、林海音、梁实秋、唐鲁孙……伴着我经历旅程中一个个峰回路转。

历史、地理、文学、风土，纠缠成长长的锁链……我则在长链上穿梭。闪烁的不是自然风景，而是人文光晕。心醉的不是灯红酒绿，而是行宜风骨。

最终——
旅行是一种心情、一种态度、一种生命经历。
旅行是参与、学习，是开放的视野、包容的胸襟。

毕竟——
旅行，因为人文关怀而丰盛。
旅行，因为亲历体验而精彩！

高文麒
Victor GAO

建筑与历史

生活与传统

饮食文化

飞扬浪漫——楚文化

吉日兮辰良，穆将愉兮上皇。
抚长剑兮玉珥，璆锵鸣兮琳琅。
瑶席兮玉瑱，盍将把兮琼芳。
蕙肴蒸兮兰藉，奠桂酒兮椒浆。
扬枹兮拊鼓，疏缓节兮安歌，
陈竽瑟兮浩倡。
灵偃蹇兮姣服，芳菲菲兮满堂。
五音纷兮繁会，君欣欣兮乐康。

《东皇太一》 屈原

在中国的各种文学形式中，"楚辞"可能是最飞扬跳脱的一种表现形式，它所涉及的历史传说、神话故事、风俗民情以及表现方式、浓郁的抒情风格，都带着明显的"楚文化"色彩，而它也正是楚文化浪漫性格的代表。

楚文化诞生于今天的洞庭湖流域，它是中国先秦三大文化体系（华夏、东夷、荆楚）之一。但是楚文化发展得比较晚，西周时期（公元前1046~前771年），它受到中原华夏文化的影响，这时候的"楚"地域局限在"荆山"一带，面积狭小，势力并不强

大，基本臣服于周朝。西周晚期到春秋时期（公元前770~前476年），楚国的势力大增，往南开疆辟土，开始与南方的少数民族交流，楚国当时的南向发展不是劫掠式而是殖民式，目的就在"灭其国，绝其祀，县其土而有其民"，在这一过程中，楚人采取开明的民族政策，将南方少数民族逐步纳入楚民族共同体，同时各种文化元素也相继融入楚文化系统，为楚文化的发展提供强大的基础；而楚文化的华夏文化基因与南方民族的文化特质互相交融，也使得楚文化逐步形成自己的个性，奠定了楚文化自己的特征。

战国时期是楚文化的鼎盛期，从哲学到文学，从字画到乐舞，无不独领风骚。而楚文化的崇火尚风、亲鬼好巫、浪漫奔放，与中原文化尚土崇龙、敬鬼远神、现实主义形成强烈对比。特别是楚文化偏重情感，而非礼法，在念祖、忠君、爱国等思想上楚文化比中原文化表现得更加强烈。

楚文化的科学与工艺在当时也是出类拔萃，青铜器铸造炉火纯青，铁器普遍推广，

丝织、刺绣发达，漆器精美绝伦。以青铜器来说，楚国的青铜铸造技术虽然起步较晚，但却后来居上。楚成王征服江汉之后，青铜铸造突飞猛进，大冶绿山古铜矿的开采不晚于西周，楚庄王之后，楚国的青铜铸造技术已经超越中原与吴越，在春秋中晚期位列诸国之首。特别是"鼎"和"编钟"，这两者是楚国青铜器最重要的组成部分。

根据考古发现，出土的楚国青铜鼎数量相当多，与其他各个地区的鼎相比，技术更成熟而且特征明显，统称"楚式鼎"。"钟"则是楚国青铜乐器中最具代表性的一种，分为"甬钟"、"钮钟"、"镈钟"三种形式，按一定的次序组合成为能够演奏的乐器，称为"编钟"，著名的"曾侯乙编钟"就在湖北出土。

漆器则是楚人生活中使用最广泛的一种器物，楚国漆器胎体大多数是木胎，此外也有皮胎、竹胎、金属胎、陶胎等。楚国的竹胎漆器以竹编织漆器最为精致，许多楚墓中都有出土。而且漆器的造型和漆绘图案与色彩都反映了楚人的审美观念和艺术品位。楚

文化漆器反映的主要对象为自然与神怪，漆器上绘画的内容客观反映当时楚国的宗教与社会生活。

楚国的丝织品几乎包括了先秦丝织品的全部品种，质地轻薄、密度大；色彩以红色、棕色为主，与楚人崇火尚赤的风俗完全一致。丝织品上的纹饰，从施纹的技巧而言，可分为编织和刺绣两种。编织纹饰是以丝织工艺中的提花技术为基础发展而来。由于受到施纹技术的限制，编织纹饰的题材和造型也受到局限，以几何纹为主。刺绣则是以多种彩色丝线在丝织品上绣上纹饰，题材以动物、植物为主，而动物中又以龙、凤为大宗。

楚文化虽然早期带有华夏文化的基因，但是自从吸纳南方各民族文化之后，却发展出与中原文化完全不同的面貌，与中原的方圆规矩相对，楚文化是一种不对称的美；与中原的礼仪文化相比，楚文化是一种飞扬跳脱的精神。如果说中原文化是孔孟，那楚文化就是庄子。这种浪漫精神，形成了直到今天湘鄂一带的文化与习俗特性，让人叹为观止！

武汉三镇

　　远古时代的武汉一带曾经是古书所记载"云梦大泽"的所在地，随着数千年来长江、汉水从上游带来的泥沙堆积，"云梦大泽"逐渐变成许许多多的小湖泊。武汉最著名的风景区"东湖生态旅游区"也就是过去"云梦大泽"残留下来的痕迹。

　　早在战国时期这一带就已经有了历史记载，"武王伐纣"推翻商朝建立周朝之后，让纣王的儿子"武庚"继续管理商朝遗民，但是武王死后，成王幼年继位，由武王的弟弟周公辅政，负责监管武庚的管叔、蔡叔不服，于是联络武庚叛变。据说当时周文王的老

长江一桥是中国南北陆路交通的动脉

师"熊鬻"的后代"熊盈族"协助叛乱，"武庚之乱"失败后"熊盈族"被周公放逐到"云梦大泽"一带，从此在这里披荆斩棘、筚路蓝缕，经过熊绎到熊仪、熊胸等十余代君王的努力，才形成了战国时期强大的楚国。

相对于周文化"以礼为重"的庄重、拘谨，楚文化的浪漫、华丽、自由奔放是一大特色，无论从建筑、绘画、雕刻、器物的彩绘等，都带有楚文化的浪漫性格。唯有在这样的文化环境之下，才会产生庄子、屈原这样天马行空、奔放不羁的思想家，创作出《逍遥游》、《大宗师》、《九歌》、《天问》等既浪漫又豪放的作品。

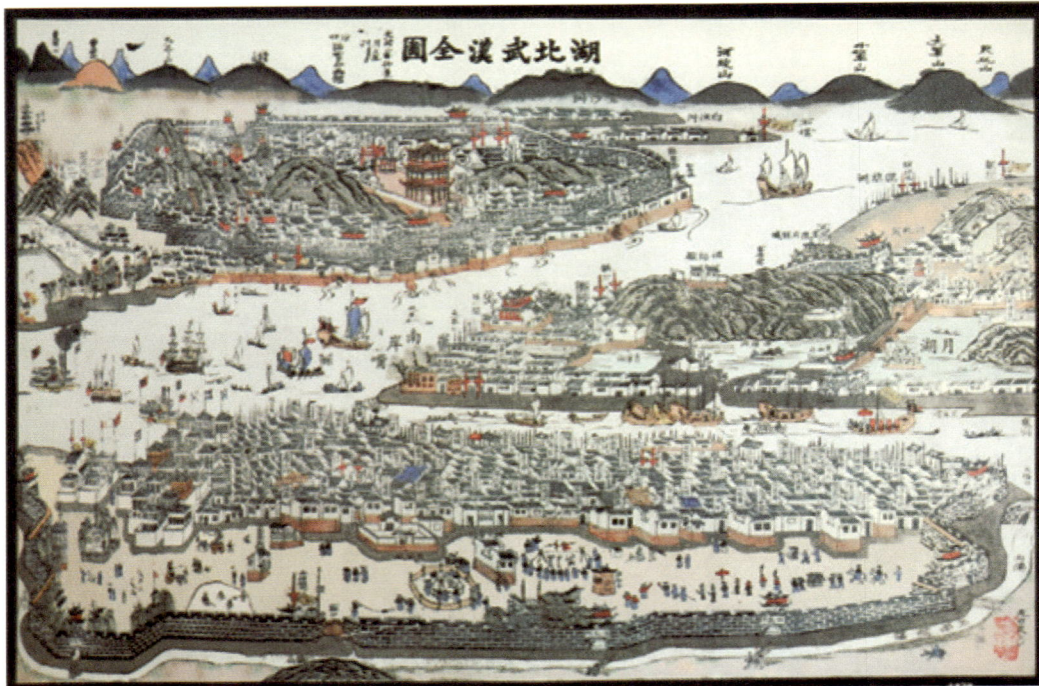

今天东湖生态旅游区里的"磨山景区"就以楚文化为主，兴建了楚文化园区，以雕塑、建筑等方式，广泛呈现中华文化之中最浪漫、华丽的楚文化。

从历史上看来，武汉三镇是个复杂的地方，不仅因为它就位于三国时期魏、蜀、吴的交界地带；它的地名更是变化多端，武汉三镇的地名一变再变，三镇之中发展最早的是"武昌"，三国时期东吴的孙权为了就近争夺荆州而将国都从建业（今天的南京）迁到这里，当时这里叫作"鄂州"，现在的鄂州那时候叫作"武昌"。孙权把两个地名互换，所以鄂州变成武昌，而武昌则变成鄂州，接着孙权又在与武昌相对的长江北岸筑城，称为"夏口"。

没想到东吴迁都不久，经受不住手下贵族、权臣的压力，国都又迁回建业，不久武昌又改名叫"江夏"。

到了晋朝的时候，"江夏郡"又改名叫"武昌郡"，但是治所（郡政府所在地）仍然设在"江夏"。当时长江北岸的"夏口"也改名为"汉津"，隋朝时候又把"汉津"改成"汉阳"。明朝时汉水改道，把汉阳一分为二，于是又在汉水北岸设置"汉口"。

这些人为的更改已经够复杂了，更麻烦的是这些地名今天都还存在，而且仍然在使用。历朝历代好像玩七巧板似的，把这几个地名推来推去、换来换去，所以历史上凡是提到鄂州、武昌、夏口、江夏、汉津、汉阳、汉口，都有可能指的是武汉一带，就看是哪个朝代了。对我来说，这些地名造成最大困扰的是读《三国志》，如果按着今天的地图来读《三国志》，保证你头昏脑涨！

今天的武汉以长江和汉水为界，分为北边的汉口，东边的武昌，西边的汉阳，以长江上的第一座大桥"长江大桥"，以及"长江二桥"与横跨汉水的"江汉桥"相连。其中长江大桥与江汉桥更把从广州到武昌的"粤汉铁路"（今天的"京广铁路"南段）以及从北京到武昌的"京汉铁路"（最早称为"芦汉铁路"，后来改称"平汉铁路"，今天也称为"京广铁路"北段）连成一线，成为今天联络南北的铁路交通动脉"京广铁路"。

武汉三镇，横跨长江，拥有历史悠久的海关——"江汉关"，同时也是京广铁路的中点，通过水路、公路系统链接四川、陕西、河南、湖南、贵州、江西、安徽、江苏以及湖北，号称"九省通衢"，难怪自古为兵家必争之地。

雄踞在长江边的黄鹤楼，背后是长江一桥

烟波江上——黄鹤楼

今天武汉最著名的风景名胜非"黄鹤楼"莫属。黄鹤楼与湖南岳阳的"岳阳楼"、江西南昌的"滕王阁"并称"江南三大名楼"。

有趣的是，这三大楼成为名楼并不是因为建筑物本身，而是因为文人雅士脍炙人口的作品而成为三大名楼。滕王阁有唐朝王勃脍炙人口的《滕王阁序》；岳阳楼有北宋名臣范仲淹的《岳阳楼记》；黄鹤楼则有唐朝诗人崔颢的《登黄鹤楼》与诗仙李白的《送

黄鹤楼前的牌楼

孟浩然之广陵》，文人雅士的千古绝唱，造就了黄鹤楼千年不坠的声誉。

因为它修建在蛇山黄鹄矶上所以名为黄鹤楼。这座楼最初兴建于三国时期孙吴黄武二年（公元223年），据说最早是当时孙权为了军事目的而建的瞭望塔。三国时期，武汉一带正是曹操、刘备、孙权，魏、蜀、吴三国交界之地，北边是北魏曹操，西边是蜀汉刘备，东边是东吴孙权，无数的战役、传说、故事，例如"刘备借荆州"、"诸葛亮借东风"、"火烧赤壁"等都在这一带发生。东吴孙权在汉水口所兴建的"江夏城"，更是武汉一带最早有明确年代可考的古迹。

黄鹤楼自孙权修筑以来，1700多年来屡建屡毁、屡毁屡建，明清两朝，黄鹤楼就被毁7次，重建、维修了不下10次。三国时期它只是孙吴夏口城瞭望守成用的"瞭望楼"，晋灭东吴之后三国一统，黄鹤楼失去军事用途，但临江的黄鹤楼却因为它的景致优美，逐步演变成为官、商、文人"游必于是、宴必于是"的名胜，当时的黄鹤楼大概也就像现在某些文艺界人士经常聚集的茶艺馆或咖啡馆，而历代文人墨客到此游览，也留下不少脍炙人口的诗词文章。黄鹤楼虽然修建于三国时期，却直到唐朝因为崔颢的"昔人已乘黄鹤去，此地空余黄鹤楼"诗句才声名远播。

崔颢（公元704～754年），唐玄宗开元年间进士，官至"太仆寺丞"，《旧唐书·文苑传》把他和王昌龄、高适、孟浩然并列。《全唐诗》中收录崔颢作品42首，其中最有名的就是这首《登黄鹤楼》："昔人已乘黄鹤去，此地空余黄鹤楼；黄鹤一去不复返，白云千载空悠悠；晴川历历汉阳树，芳草萋萋鹦鹉洲；日暮乡关何处是，烟波江上使人愁。"《唐诗三百首》中把这首诗列为七律诗中的第一首。

元朝人辛文房所著的《唐才子传》中记载，李白登临黄鹤楼时本来想题首诗，因为看到崔颢的《登黄鹤楼》而作罢，并说："眼前有景道不得，崔颢题诗在上头。"据说，李白的《登金陵凤凰台》："凤凰台上凤凰游，凤去台空江自流；吴宫花草埋幽径，晋代衣冠成古丘；三山半落青天外，二水中分白鹭洲；总为浮云能蔽日，长安不见使人愁。"就是后来李白到了金陵（今南京），刻意用同一个韵脚，留下一首旗鼓相当的作品

李白《送孟浩然之广陵》："故人西辞黄鹤楼，烟花三月下扬州；孤帆远影碧空尽，唯见长江天际流。"

虽然历代重建的黄鹤楼，建筑形式都不大一样，但是同样都受到历朝历代文人的喜爱。民国之前，黄鹤楼最后一次修建是在清同治七年（1868年），又毁于清光绪十年（1884年），只剩下一个铜铸宝顶，此后近百年未曾重修。

名胜古迹大多都有传说故事，关于黄鹤楼的传说也不在少数，关于黄鹤楼，故事是这么说的。很久以前，有一位姓辛的小生意人在黄鹄山上开个小酒铺。有一天，来了一位衣衫褴褛的老道人向他讨酒喝，他看这位老道人很可怜，就答应了。不料此后老道人每天都来，他则有求必应。

不知不觉过了一年，有一天，老道人又来酒店，辛老板正要准备酒菜，老道人却拦住他说：今天不喝酒，我是来辞行的。每天在你这儿白喝酒，无以为谢，画一幅画给你

黄鹤楼里的大型壁画

宋代黄鹤楼模型

留作纪念吧。说完，就捡起地上的橘子皮，在墙上画了一只鹤，因为橘子皮是黄色的，所以鹤也是黄色的。画完以后，老道人对辛老板说：只要你招招手，黄鹤就会下来跳舞。正当老板要转身向老道人道谢时，老道人已经不知去向。

第二天酒铺来了客人，他想起了老道人的话，手一招，黄鹤真的一跃而下，翩翩起舞，跳完舞又回到墙上。消息一传开，武汉三镇的老百姓和远近的游人，都来店里看黄鹤跳舞。从此酒铺生意兴隆。

10年之后，老道人又出现了，他问辛老板：10年来赚的钱，还清我的酒债没有？"辛老板急忙说："非常感谢，我现在很富有了。"老道人一听哈哈大笑，取下随身带着的笛子，吹了一首曲子，黄鹤闻声而下，随着笛声跳舞。一曲吹完，老道人跨上黄鹤飞走，从此没有回来。辛老板为了纪念老道人和黄鹤，就在酒铺旁边盖了一座高楼，取名黄鹤楼。

由于1957年武汉长江大桥武昌引桥修建时占用了黄鹤楼旧址，所以今天重建的黄鹤楼坐落在距离旧址大约一公里的蛇山岭上；现代黄鹤楼于1981年10月动工，1985年6月落成，以清同治年间修建的黄鹤楼为蓝本，运用现代建筑技术，钢筋混凝土框架、仿木结构，楼高5层，总高度51米，72根圆柱拔地而起，雄浑稳健；60个屋檐翘角凌空伸展，屋顶屋檐用10多万片黄色琉璃瓦覆盖，映衬蓝天白云，色彩绚丽，雄健多姿。楼内各层装饰有大型壁画，布置相关楹联、文物等。楼外铸铜黄鹤、胜像宝塔、牌坊、轩廊、亭阁等辅助建筑，将主楼烘托得更加宏伟。

清同治七年所建的黄鹤楼，只剩下这个宝顶

石破天惊——辛亥革命第一枪

除了黄鹤楼之外，蛇山脚下还有一栋砖红色、气派非凡的西式议会大厦。

清朝末年，清廷曾经准备实施"君主立宪"，当时通令各省准备组成"咨议局"（地方议会），这一栋楼房就是当时湖广总督张之洞兴建的"湖北省咨议局"议场；这座宏伟的建筑于1910年完工落成，包括庭院、议事厅、办公室以及供议员生活起居的议员公所。因为这栋占地28亩的宏伟议事厅保留了红砖本色，所以武汉人昵称它为"红楼"。

不过这栋楼房之所以声名大噪，并不是因为咨议局，而是因为出人意料的武装革命。1911年10月10日（农历辛亥年八月十九日）晚上，湖北新军第八镇工程第八营的熊秉坤一枪揭开了辛亥革命序幕；随即在工程

营左队队官吴兆麟带领下占领楚望台军械所，湖广总督瑞澄获报之后连夜打破总督署后围墙，从长江坐船逃走，于是出人意料的武昌起义成功。

10月12日革命军占领武汉三镇之后，就在这栋红楼里成立了"中华民国军政府鄂军都督府"，并且代行"中国民国军政府"职权，"中华民主共和国"于是诞生。

当时由于革命党台面上的大老黄兴、宋教仁……都不在武汉，孙武被炸伤、蒋翊武被迫逃跑，无可奈何之下，只好硬把百般不情愿的"陆军暂编第二十一混成协协统领"黎元洪拉出来担任鄂军都督，同时由立宪派的咨议局议长汤化龙担任民政总长，以"十八星旗"为军旗。

张之洞（1837~1909年）字孝达，号香涛、香岩，又号壹公、无竞居士，晚年自号抱冰。直隶南皮（今河北南皮）人，清末政坛洋务派代表人物之一，曾提出"中学为体，西学为用"，作为对洋务派和早期改革派基本纲领的概括；与曾国藩、李鸿章、左宗棠并称"晚清四大名臣"。

当我们谈到清朝末年的洋务运动时，总是把视线投向沿海的天津、上海等港口。事实上，洋务运动中，武汉并没有缺席，而武汉地区洋务运动的领导人就是湖广总督张之洞。

张之洞担任湖广总督期间先后创办了汉阳铁厂、湖北枪炮厂、大冶铁矿、湖北织布局、汉阳铁厂机器厂、汉阳铁厂钢轨厂、湖北缫丝局、湖北纺纱局、湖北制麻局……近代企业。同时他也改革书院、兴办以"造真材，济时用"为宗旨的西式学堂，在他主导下，算学学堂、矿务学堂、自强学堂、湖北武备学堂、湖北农务学堂、湖北工艺学堂、湖北师范学堂、两湖总师范学堂、女子师范学堂等陆续成立。并且他眼光独到的提倡"游学"，1905年，湖北地区单单是留学日本的学生就达到1700多人，居全国之冠，湖北一跃成为清朝末年新式教育的中心。

武汉接受新思潮早而且快，留日学生众多，加上汉阳兵工厂是极少数革命党人能够辗转取得枪械的地方，或许这些都是武昌起义能够成功的因素之一。

1. 当时的十八星军旗
2. 孙中山与黎元洪的合影

据说当时黎元洪被簇拥到咨议局推为都督，但是他仍然拒绝在安民布告上签字，连喊："莫害我，莫害我！"即使革命党人李翊东用枪抵着他的脑袋，黎元洪仍然不肯签字。最后只好由李翊东替他签了个"黎"字。此后黎元洪等于是被拘禁在都督起居室里担任鄂军都督，一直到革命大势已成定局，黎元洪才表示接受鄂军都督的职务（其实他捡了个天大的便宜，从此平步青云当到北洋政府的大总统）。

不久，辛亥革命领袖之一黄兴赶赴武昌，出任革命军战时总司令，领导抗击南下清军的"阳夏保卫战"。武昌起义获得全国响应，260余年的清朝统治瓦解。

黎元洪，湖北孝感人，世居湖北黄陂，清同治三年（1864年）生于黄陂，14岁随父移家北上，寓居天津。1883年入天津北洋水师学堂，1884年编入北洋水师。1895年应两江总督张之洞电召赴宁，曾三次前往日本考察军事、政治，颇受器重。1906年擢升陆军暂编二十一军统领。武昌起义时任革命军湖北军政府都督。南京临时政府成立时，当选为副总统。1915年袁世凯称帝，黎元洪极为反感，袁世凯封他为"武义亲王"，黎元洪拒不接受。袁世凯死后，黎元洪继任总统。之后段祺瑞利用张勋将黎元洪驱走，由冯国璋代理大总统。1922年，在直系军阀支持下复任总统，不久又被直系军阀驱逐。晚年投资实业，逝于天津。

1

2

1. 百般不情愿的黎元洪
2. 辛亥革命第一枪纪念碑矗立在工程营旧址
3. 中华民国军政府的第一份安民布告

这一座原本作为咨议局议事厅的建筑从此成为革命圣地，中华民国由此地诞生，中华民国第一份安民布告，第一份对各国公使的照会，都从这里发出。1912年，孙中山先生让位袁世凯，辞去临时大总统职务之后，首先就到湖北访问，同年4月10日，孙中山就在议事厅里发表演说。

1961年，红楼经国务院公布为首批全国重点文物保护单位。今天"辛亥革命武昌起义纪念馆"的布置已经还原到鄂军都督府成立初期的机构和格局，除了议事厅、都督起居室之外，还设有参谋部、军令部、军务部、民政府、外交部，之所以会有"外交部"是因为在1912年元旦"南京临时政府"成立之前，实际上是由鄂军都督府代行"中华民国军政府"的军事、外交职权。

今天的红楼完整保留了当年鄂军都督府

的布置陈设，还原历史现场，是相当值得一游的景点。

除了这个意义特别的都督府之外，武汉热闹的中山大道上有一栋不太起眼的建筑，位于中山大道712号的这栋1920年落成的建筑现在挂着大华饭店的招牌，这栋大楼又称为"南洋大楼"，原本是民国初年著名的"南洋兄弟烟草公司"所兴建的汉口分公司办公室，但是在国民政府"宁汉分裂"期间，这里却是以汪精卫为首的"武汉国民政府"所在地。

1926年10月，北伐军光复武汉之后，广州国民政府决定从广州迁往武汉。同年12月，抵达武汉的中央执行委员、国民政府委员成立了"临时联席会议"，行使中央最高职权。1927年1月1日，武汉国民政府正式在这里办公。

1927年4月17日，在南京的国民党中央执行委员，胡汉民、蒋介石、柏文蔚等人以及部分监察委员宣布在南京另组国民政府，以胡汉民为主席。国民政府分裂为武汉政府与南京政府。武汉国民政府下令开除蒋介石等人党籍，并发出通缉令，南京国民政府则下令通缉大约200名共产党人。

5月中旬，经过李宗仁及朱培德居中斡旋，武汉方面及南京方面避免开战，决定暂时分头继续北伐。6月中旬，冯玉祥先后会见武汉及南京代表后决定支持南京。

7月，武汉汪精卫政府得知苏联顾问鲍

1. 鄂军都督府的会议厅
2. 这四张桌子就是当年军政府的外交部
3. 红楼前的孙中山先生铜像
4. 革命元老——黄兴

罗廷想分化国民政府以帮助中国共产党夺取武汉政权，于是决定取缔共产党言论，通过"取缔共产议案"，罢黜鲍罗廷及其他苏联顾问。并宣布解散共产党机关，同时调派所掌握的各军沿长江而下，准备东征南京。不料8月1日，武汉政府军事主力张发奎部队的共产党在南昌发动起义，武汉政府事后承认疏于防共，宣布通缉共产党员。8月14日蒋介石下野。武汉国民政府于8月19日宣布迁都南京，汪精卫于9月初抵达南京，宁汉复合。

在此期间武汉国民政府，曾经收回了汉口、九江英租界，并且举行国民党第二届三中全会，直到1927年8月武汉国民政府宣布迁往南京，9月汪精卫抵达南京，国民政府再度合二为一。

武汉国民政府旧址现在已经被列为全国重点文物保护单位。

黄兴（1874~1916年），原名轸，改名兴，字克强，一字廑午，号庆午、竞武，湖南省长沙府善化县（今长沙县黄兴镇）人。中华民国开国元勋，辛亥革命时期，以黄克强闻名。

黄兴22岁时考中秀才，光绪二十四年（1898年）年调长沙"湘水校经堂"，随后被选调武昌"两湖书院"，光绪二十七年(1901年)毕业于武汉两湖书院，次年春被湖广总督张之洞选派去日本留学。

光绪二十九年（1903年），抗议沙皇俄国侵占中国东北，与同学200余人组织"拒

遗体葬于黄花岗，史称"黄花岗七十二烈士"。

同年，武昌起义，黄兴由上海到汉口就任战时总司令，亲赴前线指挥保卫汉阳、反攻汉口的战斗，与清军激战僵持一个月，为各省独立争取了宝贵时间。汉阳失陷后，黄兴辞职赴沪，筹组中央临时政府，策划北伐。1912年1月，南京临时政府成立，黄兴任陆军总长。袁世凯窃取政权后，临时政府北迁，黄兴任南京留守，后因没有经费，军队哗变，于是取消留守府，退居上海。8月，同盟会等改组为国民党，黄兴担任理事。

1913年3月，袁世凯派人暗杀国民党代理理事长宋教仁；7月，孙中山兴师讨袁，二次革命爆发，14日，黄兴由上海至南京，强迫江苏都督程德全宣布独立，黄被推为江苏讨袁军总司令，失败后逃往日本。1914年6月，孙中山在日本计划将国民党改组为中华革命党，黄兴不赞成重新组党并且拒绝加入，于是离开日本赴美国考察，宣传反袁思想。

1915年12月，袁世凯称帝。黄兴派人敦促护国军讨伐袁世凯，并在美洲为蔡锷率领的云南讨袁护国军筹措军饷。1916年6月，因孙中山、蔡锷多次电催，由美国赶往日本，为国内反袁斗争筹款购买军械。当月袁世凯忧愤而死，黄兴从日本返回上海。

1916年10月31日，由于积劳成疾，食道、胃静脉屈张破裂出血在上海去世，时年42岁。孙中山亲自治丧。1917年4月15日，国葬黄兴于长沙岳麓山云麓峰下小月亮坪。

俄义勇队"。同年回国，在长沙邀集陈天华、宋教仁等人成立"华兴会"，被公推为会长。议定于次年秋季慈禧过70岁生日时在长沙起义，不幸事机泄露，逃往日本。光绪三十一年（1905年），在日本结识孙中山，大力支持孙中山筹组"同盟会"，成为会中仅次于孙中山的领袖，亲自掌握留日陆军学生的入会工作。

黄兴先后参与或指挥了钦州、防城起义，镇南关起义，钦州、廉州、上思起义，云南河口起义，不幸都宣告失败。宣统元年（1909年）秋天，受孙中山委托，在香港成立同盟会南方支部，策划在广州新军中发动起义。次年春，起义再次失败。

1911年春季，在香港成立广州起义领导机关统筹部，4月27日发动广州黄花岗起义，亲率敢死队百余人攻入两广总督衙门，发现总督张鸣歧已逃跑，出衙门遭遇清军激战，黄兴持双枪左右射击，毙清军多人后负伤，右手断两指，化装逃至香港治伤。此役又以失败告终。事后收殓殉难者72具

中山大道712号这栋建筑曾经是宁汉分裂时期的武汉国民政府

红楼建筑气势雄伟

长春观是武汉地区规模最大，保存最完整的道教古建筑

长春真人——长春观

位于武昌大东门外的长春观，是武汉地区规模最大，保存最完整的道教古建筑。据说长春观是长春真人丘处机的弟子所建，最初创建于元朝，为了纪念丘处机所以命名为长春观。距今已有800多年历史。

长春观曾经在明永乐十二年和清康熙二十六年分别维修、重建。咸丰二年再度毁于战火。同治二年重修太上道祖大殿、来成殿、客堂，以及殿后登山石级等主要建筑。1931年再次大规模修缮，形成一座分中、左、右三路依山势而上、层层递进的建筑群，中路为山门，其后依次为灵官殿、三圣殿、太清殿、紫微殿、地步天机碑，以及由古先农坛改建的三皇殿；东路有纯阳祠、天阁亭、丘祖殿等；西路则建有大士阁、藏经阁、功德祠等。结构严谨，布局得体，主要

长春观门口的石狮

建筑为砖木结构，斗拱飞檐，梁柱栏板和殿
内神龛的雕刻，细腻生动，具有典型的湖北
道教建筑特色。

　　"文化大革命"期间，长春观的建筑
和文物都遭到破坏。1983年，国务院确定长
春观为全国对外开放、开展宗教活动的重点
道观之后，拨款维修了山门、灵官殿、二神
殿、太清殿，并且重塑部分神像。1995年修
建长江大桥时，再将黄鹤楼旧址处吕祖阁内
的"吕洞宾卧像"和"五百灵官"移到长春
观内，使得长春观成为武汉地区保存道教文
物最多的道观。

1. 长春观中的太清殿
2. 长春观的环境相当幽静
3. 长春观建筑紧密却不凌乱

风光秀丽的东湖

云梦遗迹—— 东湖

　　武汉市东边有一大片宽广辽阔的水域，这片远古 "云梦大泽" 淤积之后留下的遗迹，今天已经开发成武汉市著名的 "东湖生态风景旅游区"。面积82平方公里的东湖生态风景旅游区，水域面积33平方公里，风光秀丽、碧波荡漾，是中国最大的城中湖。

　　"只说西湖在帝都，武昌新又说东湖；一围烟浪六十里，几队寒鸥千百雏；野木迢迢遮去雁，渔舟点点映飞鸟；如何不作钱塘景，要与江城作画图。"

　　南宋吏部尚书袁说友的一首《游武昌东湖》，生动的描写了当时东湖自然朴实的风景。

　　1949年武汉企业家周苍柏将位于东湖之滨的私人花园——"海光农圃" 捐给国家，当时改名为 "东湖公园"，这座公园正是今天东湖生态风景旅游区的前身。不过当时的东湖公园并不大，而且四周一片荒芜。1950年才成立 "东湖风景区建设委员会"，将东湖正式作为风景区来规划建设。不料，初具规模的东湖风景区随即碰上了 "文化大革命"，一直到1978年之后，东湖才出现生机。

　　东湖是中国最大的 "楚文化" 展示中心，"行吟阁" 名闻遐迩，"离骚碑" 号称三绝，"楚城"、"楚市" 古典文化气氛浓郁，"楚天台" 气势磅礴，"楚才园" 雕塑恢弘。

东湖里种的水松

来到东湖磨山景区，你一定不会错过"楚城"，因为楚城正是东湖磨山楚文化游览区的大门。

这座城门兴建于1992年7月，包括陆门、城楼、水门、烽火台以及部分城墙等建筑。整个楚城的设计是依据湖北荆州北边的楚国都城——"纪南城"（也称为"郢都"）遗址，以及河南方城、叶县一带"楚长城"遗址的考古发现而修建，设计古朴典雅，呈现出战国时期的城门风格，与常见的明清城门迥然不同。

楚城的城门高23.4米，宽11米，全长117米，陆门的中门宽3.9米，侧门各宽2.4米，并且按照"纪南城"遗址的考古发现，建了一座水门。因为楚国位于南方，按战国时期的五行思想，南方属火、火为红色，因此楚国尚红，整座城门与城墙都采用湖北大冶的红砂石修建，以符合历史面貌。

城门正上方的"楚城"甲骨文题额，是商史、甲骨文专家胡厚宣先生的手笔。城楼上悬挂的"荆楚雄风"匾额则是著名书法家李铎的杰作。

穿过楚城中门，就算是到了楚国，往前走不远，右侧有个造型特别的牌楼，上面写

纪念屈原的行吟阁

"纪南城"是春秋战国时期楚国的都城，当时称为"郢都"，因为城在纪山的南边，也称为"纪郢"。西晋杜预在《左传》注释中将郢都改称"纪南城"。从楚文王元年（公元前689年）迁都纪南城，到楚顷襄王二十一年（公元前278年）秦将白起攻克郢都，前后411年中，楚国共有20代国王在此建都。在此期间，楚国还先后统一了近50个小国，势力极强大，全盛时期，楚国的领域北至黄河，东至海滨，西至云南，南至湖南南部，以纪南城为楚国的政治、文化、经济中心，是当时南方第一大城市。

着临摹自战国楚简的"楚市"两个字，沿着牌楼往前走，是一条70米左右、古色古香的的市井街道。街道两侧的建筑以战国时期楚国杆栏式建筑为蓝本，采用楚国漆器常见的红、黑、黄三色为基调，地板垫高，房屋四周的回廊和屋顶上的脊饰颇有楚国风韵。楚市由西牌坊、东华表、街道组成，街道曲折蜿蜒，营造出楚国市井的特色风貌。

　　进入东湖生态风景旅游区，往磨山风景区的路上就可以看到山上一栋气派宏伟的仿古阁楼。这栋耸立在磨山第二高峰上的阁楼就是足以与江南三大名楼媲美的"楚天台"。

1. 风光秀丽的东湖
2. 楚市建筑以红、黑、黄三色为基调
3. 模仿楚国城市修建的"楚市"

根据楚国都城"郢都"遗址考古发现修建的楚城城门

楚国的建筑属于"杆栏文化"范畴，但它是南方杆栏式建筑与北方高台式建筑融合时期的代表。以木结构为主，注重与自然的协同，讲求中和、平易，具有一种含蓄而深沉的美。楚建筑类型丰富，主要包括：宫殿、宗庙、公府、馆榭、地下宫室、离宫、坛、祠、警鼓台、舞台、观景楼阁等。

楚国建筑重视人与自然的融合相亲。以楼阁为例，楼阁开敞，内外空间流通渗透，运用水平方向的层层屋檐，环绕各层的走廊栏杆，削弱体型上的竖高感觉，屋面、屋脊、装饰的曲线避免了造型的僵硬冷峻。

楚国的建筑注重与自然和协，表现在城市、村镇、陵墓或住宅的选址和布局上，也就是今天"风水"学说的滥觞，楚建筑普遍存在"天人感应"、"阴阳"、"五行"等意识。伍子胥修建吴国阖闾大城时，按《吴越春秋》记载："子胥乃使相土尝水，象天法地，造筑大城，周回四十七里。陆八门，以象天八门；水八门，以法地八聪。筑小城，周十里。陵门三。不开东面者，欲以绝越明也。立阊门者，以象天门通阊阖风也。立蛇门者，以象地户也。"

楚国古代建筑以"天人合一"为中心思想，是楚人的伦理观、审美观、价值观和自然观的深刻体现。

楚天台是东湖磨山楚文化游览区的标志，高36米，外5层内6层，台前有345级台阶，楼顶安置了一只1.2米高的铜凤，正面墙上镶有用600多块天然大理石拼成的"楚天仙境丹凤朝阳"图案。站在楚天台上，可鸟瞰东湖全景。

楚天台是模仿战国时期楚国著名的"章

楚城的水门

楚市是南方传统的杆栏式建筑

1

华台"形制修建。章华台据说是战国时期楚灵王兴建的豪华建筑，因为建筑高度非常高，从底下爬到台顶要休息3次，所以又称为三休台。但是对于章华台的确实位置、历来众说纷纭。有人认为是在今天湖北省监利县西北，称为"华容之章华"。也有人认为在今天安徽省亳州市东南，称为"城父之章华"。还有一种说法是在今天河南省汝南县东，称为"汝阳之章华"。最后一种说法是在今天湖北省荆州市。每一种说法都有古人的描述作证，但是都没有足够的证据。

楚天台不仅是俯瞰东湖的最佳位置，台内还长年展示近年来出土的大量楚国珍贵文物的复制品、书画精品以及名人蜡像等。

"楚才园"的名字来自《左传》里的一句话"惟楚有材，晋实用之"，这句话的意

"章华台"又名"章华宫"，是楚灵王于公元前535年主持修建的离宫。这座"举国营之，数年乃成"的建筑，当时被誉为"天下第一台"。根据记载，章华台"台高10丈，基广15丈"，曲栏拾级而上，中途得休息三次才能上到顶层，所以又称为"三休台"；也因为楚灵王特别喜欢细腰女子，不少宫女为求媚于王，少食忍饿，以求细腰，所以又称为"细腰宫"。在先秦古籍《左传》、《国语》、《韩非子》和《史记》、《汉书》、《后汉书》以及《水经注》等文献中均有记载。1986年，湖北潜江龙湾发掘出一地下遗址，有学者考证其遗址即楚章华台遗址，但证据尚不充分。楚国的章华台究竟建在哪里，目前众说纷纭，湖北、湖南、安徽、河南，都有疑似章华台的遗址。

1. 遥望楚城与楚天台
2. 楚天台下的凤标
3. 矗立在磨山上的楚天台以楚国章华台为蓝本
4~5. 楚天台里陈列的战国时期乐器

思是说战国时期，只有楚国拥有大量人才，而这些人才大多都在晋国任官。楚才园大门是一座模仿编钟形式的建筑，钟身上铸造的四个字就是"惟楚有才"。

楚才园以刻石、铸铁、铸铜制作塑像33尊，平均高度5米，还有总长252米的25组浮雕，表现出楚国的名人、重大事件和重大成就。从西周时熊盈族被迫南下开辟荆山（今湖北南漳西），另图发展。周成王时，鬻熊受封、爵同子男，定都丹阳（今天的湖北省秭归县东南方）开始，包括天文学家甘德、名相孙叔敖、吴起变法等文人名士、王侯将相、历史事件。

楚才园的雕塑之中的一组庄王出征的铜马像是经典之作，这座铜像共享铜6.5吨制成，呈现楚国最著名的君王、春秋五霸之一的楚庄王御驾亲征时的场景。

楚才园以精美的雕塑艺术和磅礴的气势而独具风格，自成体系，堪称东湖楚文化展示的经典之作。游客可以从中品味楚文化博大精深的丰富内涵。

泽山俊秀、岸线曲折的东湖目前已经开放听涛、磨山、吹笛、落雁四大景区，岛屿星罗棋布，磨山、枫多山、吹笛山等34座山峰绵延环绕。根据调查统计，东湖生态风景旅游区拥有雪松、水杉、樟树等各种树木共390多种，300多万株；更栽培了梅花、荷花、桂花等十几种观赏植物，并且在磨山景区设置有面积800余亩的梅园，培育300多个不同品种，近万株梅树，成为中国第一大梅园。

1980年在磨山建立了荷花品种资源基地。种植了4000多盆缸，保存450多个荷花品种，睡莲及其他水生植物近40个品种。荷花品种资源圃旁边就是面积5.6公顷的水生花卉区，四周有池杉、枫香、香樟、棕榈、垂柳、桃花等花木环抱，湖中有两座小岛与九曲桥、芙蓉桥。每逢盛夏，池中粉荷映日、白荷带雨、青盘滚珠、凉风习习、清香远溢。一派"接天莲叶无穷碧，映日荷花别样红"的夏日风情。

东湖景区种植了许多荷花

1. 楚才园里的石雕"卞和抱璞"
2. 这座雕塑表现的是楚国名将吴起的故事，吴起在楚悼王时功绩彪炳，得罪了不少王公大臣。楚悼王死后，贵族大臣谋划刺杀吴起，吴起伏在楚悼王棺木上，追杀吴起的贵族射杀吴起时，也射到了悼王的棺木。楚肃王即位后，以大不敬罪处置射中悼王棺木的人，被灭族的牵连70多家
3. 楚才园以生动的雕塑讲述楚国历史故事
4. 楚才园的主雕塑，讲述楚庄王出征的故事

公元前 614 年楚穆王病逝，儿子熊侣即位，就是楚庄王。楚庄王志向远大，但是由于年轻而且势单力薄，难以执掌大权。于是他沉湎于酒色之中，不理朝政，"即位三年，不出号令，日夜为乐"，即位三年什么事也不作，每天就是吃喝玩乐。而且还下命："敢谏者，死无赦！"

大夫伍参冒死进谏，庄王左抱郑姬、右抱越女，坐在钟鼓之间。伍参请庄王猜谜："有鸟止于阜，三年不飞不鸣，是何鸟也？"庄王回答："三年不飞，飞将冲天；三年不鸣，鸣将惊人！"可是几个月过去，庄王仍然每天吃喝玩乐。于是大夫苏从又进谏。庄王抽出宝剑，要杀苏从。苏从无所畏惧，坚持劝谏。于是，庄王停止逸乐，亲理朝政，任命伍参、苏从担任要职。此后庄王任用孙叔敖为令尹，讲求得失，稳定政局，发展生产，楚国的国势日渐强大，为争霸中原奠定了基础，这就是成语"一鸣惊人"的来历。

公元前 606 年，楚庄王亲率大军，攻打"陆浑之戎"，部队直达周天子的都城"洛邑"附近。周定王不安，派大夫王孙满为特使带着礼物去犒劳楚军。楚庄王接见王孙满时问他"周鼎"的轻重大小。这就是成语"问鼎中原"的由来。九鼎相传为大禹所铸，是天子权力的象征。楚庄王问鼎的轻重大小，显然是有"取周室而代之"的雄心。

公元前 597 年，楚庄王在孙叔敖、伍参的辅佐之下，在"泌"击溃晋军，使得晋国中原霸主的地位开始动摇，楚庄王乘势逼宋国背叛晋国而与楚结盟，其他诸侯国也屈服于楚国，使得楚庄王替代晋侯成为中原霸主，成为春秋五霸之一。

楚天台下的风标

国之重宝，曾侯乙编钟

国之重宝——湖北省博物馆

筹建于1953年的湖北省博物馆就在东湖风景区的西边，是湖北省唯一的省级综合性博物馆，也是最重要的文物收藏、研究和展示机构。

湖北省博物馆的前身是"湖北省人民科学馆"，1963年1月。面积3000平方米的陈列馆落成并对外开放，同时更名为"湖北省博物馆"。

今天的馆区内有陈列馆、楚文化馆、编钟馆。三座高台基、宽屋檐、大坡面屋顶的仿古建筑鼎足而立，构成一个硕大的"品"字，布局呈现楚国建筑"中轴对称"、"一

台一殿"、"多台成组"的高台建筑布局。建筑风格采用楚国多层宽屋檐、大坡式屋顶等建筑特点。馆藏文物20多万件，其中包括近千件国家一级文物。

丰富并且有着地方特色的珍贵藏品使得湖北省博物馆在海内外享有一定声誉。世界上体积最庞大的青铜乐器——"曾侯乙编钟"、中国兵器的翘楚之作——"越王勾践剑"、地质年代早于北京猿人的"郧县人头骨化石"等，在中国古代文化发展史上都具有极重要的地位。

目前，湖北省博物馆陈列有《楚文

1. 曾侯乙墓中出土的棺木，彩绘细致，图案粗犷，颜色鲜艳
2. 曾侯乙墓中出土的铜连禁大壶，全世界只有四座
3. 国之重宝，曾侯乙编钟
4. 钟架上的铜铸装饰非常细腻

化展》、《郧县人——长江中游的远古人类》、《屈家岭——长江中游的史前文化》、《曾侯乙墓》、《秦汉漆器艺术》、《荆楚百年英杰》等十多个展览。

在湖北省博物馆的收藏品之中，最引人注目的非国之瑰宝"曾侯乙编钟"莫属。这一套铸造于战国初期的青铜乐器1978年出土于湖北随县曾侯乙墓。"曾侯乙"是战国时代曾国（今天的湖北随州、枣阳一带）一位名叫"乙"的诸侯，他死于楚惠王五十六年（公元前433年）。1978年，曾侯乙墓被发现并展开考古挖掘，使得许多埋藏地底的珍贵历史文物得以重见天日。

曾侯乙墓中发现了数量庞大的乐器随葬品，包括琴、筝、瑟，笙、悬鼓、编磬、建鼓、篪、排萧等。而其中最为辉煌的就是这座庞大的乐器组合——"编钟"。钟在商朝时期就已经出现，最初只有3~5枚，周时朝增加为9~13枚，战国时发展成61枚。按钟的大小、音律、音高分组，再构成整套编钟。

曾侯乙编钟共有65枚，其中一枚是战国时楚惠王赠送的"镈"。整套编钟全部青铜铸造，制作精美，65枚编钟总重3.5吨，它的重量、体积在已经发现的编钟之中是相当罕见的。

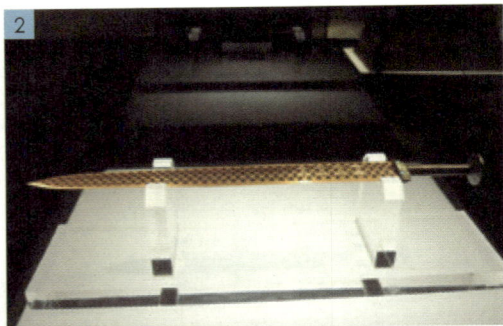

编钟的钟架是L形铜木结构，由6个佩剑的青铜武士和几根圆柱支撑。钟列在钟架上分为上、中、下三层，上层19枚，中、下层钟是编钟的主体部份，分为三组，这三组钟形制各异。第一组称为"琥钟"，由11枚长乳甬钟组成；第二组称为"赢司钟"，由12枚短乳甬钟组成；第三套称为"揭钟"，由23枚长乳甬钟组成。每件钟体上都镌刻有错金篆体铭文，铭文内容是关于五声音阶名与八个变化音名，曾国与晋、楚等国律名的对应关系等。这些铭文是研究我国古代乐律极为宝贵的资料。

除了曾侯乙编钟之外，"越王勾践剑"也是游客一定会参观的国之重宝。

1965年冬天，湖北省荆州市附近的望山楚墓群中出土了一把锋利的青铜剑。考古专家经由对剑身8个鸟篆铭文的解读，证实这8个字是"越王勾践，自作用剑"，确认这把青铜剑就是传说中的"越王勾践剑"，根据古籍记载，越王句践剑正是战国铸剑大师欧冶子的杰作。让人惊奇的是，这把青铜宝剑穿越了2000多年时空，但剑身几乎不见锈斑。

为什么越王勾践剑在墓穴中经过了2000多年却没有明显锈斑，至今仍然众说纷纭，有人认为是因为剑身表面使用了的超越时代的硫化技术，但是经过专家仔细的科学分析之后，并没有足够的证据证明越王勾践剑使用了当时不可思议的硫化技术。

20世纪90年代，上海博物馆曾经对宝剑作深入研究，上海博物馆的专家发现，剑身上有一层大约70微米的致密细晶表面层，它的金属结晶致密程度要比剑体本身高出百倍；这一层致密细晶表层里锡的含量高达35%，而剑体的锡含量一般只有19%左右。

据此推测，欧冶子可能用了一种特殊的工艺对青铜剑表面进行富锡处理，但是也有专家持不同意见。所以为什么2000年前的青铜剑竟然没有明显锈斑而且仍然锋利，至今仍然没有定论。关于越王勾践剑的铸造技术，剑身花纹与铭文的制作工艺，剑身与剑锋分别的合金成分比例等，都仍然是未解之谜。

无独有偶，越王勾践的对手吴王夫差，也有一件武器被湖北省博物馆收藏。那就是与"越王勾践剑"齐名的"吴王夫差矛"。

1983年，湖北江陵"马山5号墓"中出土了一件青铜矛，全长29.5厘米。矛身与剑身相似而较短，脊上开有血槽，血槽后端铸一兽首，矛身布满菱形暗纹，基部有两行错金铭文 "吴王夫差自作用鈼"；根据专家考证，鈼是一种类似于矛的刺击兵器。此鈼冶铸精良，保存完好，是极难得的春秋时期青铜武器。

1. 钟以及装饰，铸造工艺惊人
2. 越王勾践剑
3. 剑身上有 "越王勾践，自作用剑" 字样
4. 吴王夫差矛
5. 曾侯乙墓中出土的铜鉴缶，是一种类似冰箱，用来冰酒的酒器
6. 湖北省博物馆的建筑带有强烈的楚建筑特征

"钟"是盛行于青铜器时代的打击乐器，钟在古代不仅是乐器，也代表着地位和权力。王公贵族在朝聘、祭祀等各种仪典、宴飨中，广泛使用钟乐。

钟的历史非常久远。在考古发现中，河南陕县庙底沟仰韶文化遗址（公元前3900～前3000年），陕西长安县客省庄龙山文化遗址（公元前2800～前2000年）都曾经出土原始形态的"陶钟"。

由于钟体特有的合瓦形结构，敲击钟的正鼓部和侧鼓部可以发出两种不同的音调，这两音一般为大小三度音程。古人利用改变钟壁厚度的方法在节线部位调节音高。西周钟内壁常见的凹槽和战国钟内壁常见的凸带，就是为了调节音高而设。而且钟体两侧的棱在振动中具有加速衰减的作用，以避免共鸣声。这种巧妙合理的结构设计，使得编钟成为可以演奏旋律的大型打击乐器。

铸钟采用"分范合铸法"制造，工序非常繁复，音高的误差必需控制在0～±5音分之内，以保证良好的音质。青铜钟的合金成分是锡青铜，并含有少量铅和其他微量元素。《周礼·考工记》载："金有六齐，六分其金而锡居其一，谓之钟鼎之齐"，说明了当时钟的合金比例已经标准化。

钟悬挂在架上演奏。钟架古代称为"簴簨"，横梁为"簨"，有时也写作笋或栒；承托横梁的立柱为"簴"，也写成虡或鐻。立柱下方有起稳定作用的"跗座"。由于每套编钟悬钟数目不同，"簴簨"也有很多种。有些编钟出土时伴有钟钩、穿钉和敲击用的钟棰、钟棒。一般而言甬钟用钟钩或绳子悬挂，钮钟用穿钉悬挂。演奏中小型编钟，用T形木棰；演奏大型钟则用长圆形木棒。

编钟示范演奏，用的是国内唯一的曾侯乙编钟仿制品

古刹归元寺

五百罗汉——归元寺

"归元禅寺"位于汉阳翠微峰下的翠微路西侧，与"古琴台"比邻而居。"归元"二字出自《楞严经·卷六》里的一句偈语："归元性无二，方便有多门。"归元禅寺属于禅宗里的曹洞宗；它与宝通寺、溪莲寺、正觉寺合称"武汉四大丛林"。

"归元寺"原址在明代原本是一座私人花园，清顺治十五年（1658年），由园主布施给浙江僧人白光和尚与主峰和尚，两位高僧在这里修建了三座小塔，塔中收纳无主尸骨。后来才修建寺庙，经过历代陆续重建、增建，成为今天的格局。1983年，归元寺被中国国务院确定为汉地全国重点佛教寺院；现在是湖北省佛教协会和武汉市佛教协会所在地。归元寺里古树参天，花木繁茂，泉清水绿，曲径通幽，号称"汉西一境"。

归元寺占地面积17500多平方米，由北、中、南三个庭院组成。最著名的是北院的藏经楼，这是一座五开间的楼阁式建筑，收藏有许多佛教文物，除了清代《龙藏》、宋代影印本《碛砂藏》、清末民初上海印行的《频伽藏》三部藏经之外，还有佛像、法器、石雕、书画碑帖及外文典籍。1935年太虚法师出访缅甸时，仰光佛教徒赠送的一尊1吨多重、玉石雕成的释迦牟尼佛像就供奉在这里。

此外，归元寺里还有另外两件珍品：一是清光绪元年（1875年），湖南衡山69岁老人李舜千书写的"佛"字。这个"佛"字是在长宽不超过6寸的纸上，由《金刚经》和《心经》原文共5424个字组成，每个字只有芝麻大小。另一件是武昌僧人妙荣和尚刺血调和金粉抄成的《华严经》和《法华经》。

在藏经楼旁边还有一座"大士阁"，走

1. "归元古刹"是黎元洪题的字
2. 清光绪元年李舜千老先生书写的"佛"字。由《金刚经》和《心经》原文共5424个字组成
3. 这座石刻画是以普陀山观世音菩萨线刻画石碑拓片为蓝本重刻，出自唐朝大画家阎立本手笔
4~5. 拥有五百尊罗汉雕塑的归元寺罗汉堂

进"大士阁"，对面墙上左边有一座线雕石刻观世音菩萨圣像。这座石刻画是以浙江普陀山观世音菩萨线刻画石碑的拓片为蓝本重刻的。普陀山的观世音菩萨线刻画石碑，正是唐朝大画家阎立本的手笔。今天普陀山的真迹已经在"文化大革命"时期被毁了，归元寺里这一座就更显珍贵。

中院的主体建筑是大雄宝殿。该殿初建于清顺治十八年（1661年），现在的大雄宝殿则是清光绪三十四年（1908年）重修。

大殿正中供奉着释迦牟尼坐像，两侧阿难尊者和迦叶尊者。释迦牟尼偏袒左肩，结跏趺坐，庄严静穆。佛像后背是用樟木雕刻而成的"五龙捧圣"背光。大殿后面是一组海岛观音像。观音菩萨赤足站立，左右侍立着龙女和童子，背后是一面高达8尺的泥塑悬崖峭壁，碧波万顷，怒涛汹涌。这座塑像整座向前倾，增加了宗教艺术的感染力。

大雄宝殿前方的韦驮殿供奉着一尊身着铠甲，手持宝杵，威武挺立的木雕护法神韦驮菩萨像，用中国古代武将的形象呈现了佛教中"四大天王、三十二将"之首的形象。这座木雕是一整块樟木雕成，线条刀法都是唐朝风格，这是归元寺的艺术珍品，也是我国雕刻艺术品中的珍贵遗产。

南院主要是著名的"罗汉堂"，这栋建筑始建于清道光年间，光绪二十一年（1895年）重建，1902年完成，至今有200年历史。中国汉地佛教供奉五百罗汉是从五代时开始的。归元寺的罗汉堂是中国极少数拥有五百尊罗汉雕塑的罗汉堂，大多数寺庙的罗汉堂只塑有十八罗汉或十六罗汉。

归元寺罗汉堂内部呈"田"字形，这里的五百罗汉是湖北黄陂县王代父子花了9年时间才塑成。根据《归元丛林罗汉碑记》的记载，这五百尊罗汉是以南岳衡山"祝圣寺"五百罗汉石刻拓本为依据，采用"脱胎漆

"禅宗"，又称"宗门"，主张修习禅定，所以名为禅宗。是汉传佛教主要宗派之一，始于菩提达摩，盛于六祖惠能，中晚唐之后成为汉传佛教主流，也是汉传佛教的主要象征。

禅宗自菩提达摩传入中国之后，下传慧可、僧璨、道信，到了五祖弘忍下分为南宗惠能、北宗神秀。慧能的著名弟子有南岳怀让、青原行思、荷泽神会、南阳慧忠、永嘉玄觉，形成禅宗主流，其中以南岳、青原两家弘传最盛。南岳之下形成沩仰、临济两宗；青原之下分为曹洞、云门、法眼三宗；世称"五宗"。其中临济与曹洞两宗流传时间最长。临济宗在宋代又形成黄龙、杨岐两派，合称"五宗七家"。

禅宗主要传播地区在江南一带，包括广东、湖南、湖北、江西、浙江。在中国佛教各宗派中流传时间最长，至今延绵不绝，并且影响到中国的哲学艺术思想。

塑"的手法，先用泥胎塑成模型，然后用葛布、生漆逐层上漆套塑，等漆干透之后，浸到水里让中间的泥胎溶解流出，只剩下葛布与生漆塑成的外壳，最后饰以金粉。它的特点是轻、抗潮湿、防虫蛀、经久不变。两百年间罗汉堂几次遭到水灾侵袭，但水退之后罗汉塑像仍然完好无损。

走进罗汉堂，只见堂上罗汉有的盘腿端坐，有的卧石看天，有的研读佛经；有的勇武，有的温和，有的天真憨厚，有的饱经沧桑，个个惟妙惟肖、活灵活现。游客来到归元寺，总要到罗汉堂去数罗汉，任意挑一位罗汉开始，顺着数到自己的年龄，最后落点这一尊罗汉，便代表着自己一年的运程；这个活动为参观罗汉堂增添了不少乐趣。

阎立本（公元601～673年），中国唐代画家兼工程师。汉族，雍州万年（今陕西省西安临潼县）人，出身贵族。

阎立本于唐朝贞观年间任职主爵郎中、刑部侍郎、将作少监。显庆初年升任工部尚书，总章元年加右丞相。他的父亲阎毗和兄长阎立德都善长于绘画、工艺、建筑，阎立本秉承家学，也善长绘画、建筑。他善于画人物、车马、台阁，特别擅长肖像画与历史人物画。他的画线条刚劲有力，神采如生，色彩古雅沉着，人物神态刻画细致，作品倍受当世推重，被称为"神品"。曾经为唐太宗画《秦府十八学士》、《凌烟阁功臣二十四人图》，为当时称誉。传世作品有《步辇图》、《古帝王图》、《职贡图》、《萧翼赚兰亭图》等。

归元寺藏经阁

大殿后面的海岛观音像

历历汉阳树——晴川阁

"晴川历历汉阳树，芳草萋萋鹦鹉洲"，唐朝崔颢的《黄鹤楼》诗里就已经提到"晴川"，但是"晴川阁"却比崔颢要晚了好几百年。

晴川阁位于汉阳区晴川街，坐落在长江北岸、龟山东麓的禹功矶，北临汉水，东滨长江。武昌黄鹤楼隔江相望，楼阁对峙互为衬托，有"三楚胜景"之称。

晴川阁最早是明嘉靖年间汉阳知府范之箴在修葺"禹稷行宫"（原来的禹王庙）时所增建，取崔颢《黄鹤楼》中"晴川历历汉阳树"之句命名。晴川阁的历史虽然没有黄鹤楼、岳阳楼那样悠久，但由于崔颢的诗，也算是一座名楼。

晴川阁自修建以来，与禹稷行宫几经兴废，从嘉靖至今，400多年中，先后进行过5次维修增建，2次重建。最后一次是清同治三年（1864年）汉阳郡守钟谦重建。1935年晴川阁被风吹倒，禹稷行宫幸存。1983年，武汉市人民政府组织修葺禹稷行宫后，重建晴川阁。现存建筑为依据清末晴川阁的历史照片及遗址范围进行的复建。

复建后的晴川阁占地386平方米，高17.5米，麻石台基，红墙朱柱，钢筋混凝土仿木结构，阁楼为重檐歇山顶，楼阁分上下两层，沿檐回廊。底层面阔5间，进深4间。忠实再现了楚人依山势筑台，台上建楼阁的建筑风貌。两层飞檐四角悬挂铜铃；大脊两端的龙形饰件凌空飞卷；素洁粉墙，两层回廊，圆柱朱漆，斗拱彩绘，相当华丽美观。

晴川阁的旁边就是纪念中国治水君王"大禹"的"禹稷行宫"，本名大禹庙，这座建筑是武汉地区现存不多的清代木构建

1

筑。最早是由南宋绍兴年间司农少卿张体仁所修建，此后成为武汉地区历代祭祀大禹之地。元大德八年（1304年）重修，明天启年间改为"禹稷行宫"，除了祭祀大禹，又加祀后稷、伯益、八元、八恺等先贤。

现存的禹稷行宫建筑为清同治二年（1863年）修建，1984年按"修旧如旧"的原则修缮。修缮后的禹稷行宫面积380平方米，由大殿、前殿、左右廊庑、天井等部分组成。

大禹

传说"禹"，姒姓夏后氏，名文命，字高密，号禹，后世尊称为大禹，是夏后氏的首领，他是黄帝的六世孙、颛顼的四世孙。禹的父亲名"鲧"，母亲是有莘氏之女"修己"。

传说帝尧时，中原洪水为灾，百姓苦不堪言。鲧受命治理水患，用了9年时间，洪水未平。舜巡视天下，发现鲧用堵截的办法治水，一点成绩也没有，最后在羽山将其处死。接着命鲧的儿子禹继任治水。禹接受任务以后，视察河道，并检讨鲧失败的原因，决定改革治水方法，变堵截为疏导，于是与"益"和"后稷"一起召集百姓前来协助。他亲自翻山越岭，从西向东，测量地势高低，树立标杆，规划水道。

禹为了治水，不辞劳苦，他与涂山氏之女"女娇"新婚不久就离开妻子，踏上治水的道路。传说他路过家门口，听到妻子生产，儿子呱呱坠地的声音，都没有进家门。到第三次经过家门的时候，他的儿子"启"正抱在母亲怀里，禹只是向妻儿挥了挥手，表示自己看到他们了，还是没有停下来。

治水过程中，禹走遍天下，对各地的地形、习俗、物产，了如指掌。禹重新将天下规划为9个州。由于禹治水成功，帝舜在位三十三年时，将天子位禅让给禹。17年以后，舜在南巡中逝世；三年治丧结束，禹避居阳城，将帝位让给舜的儿子"商均"。但天下的诸侯都去朝见禹。在诸侯的拥戴下，禹正式即天子位，以"安邑"（今山西夏县）为都城，国号夏。收取天下的铜，铸成了九鼎，作为天下共主的象征。

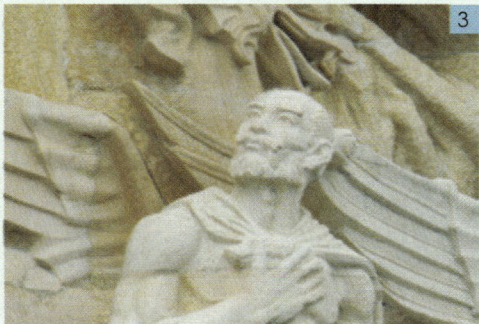

1. 长江北岸的晴川阁
2. 禹稷行宫里的大禹像
3~4. 大禹治水园里的大禹治水大型浮雕

禹稷行宫

晴川阁是修缮禹稷行宫时所增建

长江北岸的晴川阁

汉口开埠——江汉关

与武昌、汉阳隔江相望的汉口，又是另一番风情。汉口是武汉三镇中最年轻的地区，明朝成化年间汉水改道，将汉阳一分为二，才有汉口镇的建置，至今不过500年左右。但是汉口的发展非常快速，到了清嘉庆年间，汉口镇就已经与河南朱仙镇、江西景德镇、广东佛山镇并称"中国四大名镇"。

1861年，汉口因为清廷"第二次鸦片战争"失败签订的中英《天津条约》被迫开埠通商，西方列强凭借种种政治特权和经济、技术优势，纷纷在汉口开设洋行，创办工厂。既倾销洋货，又利用内地廉价劳动力和原材料，加工农副产品运销国外，并且直接生产商品占领中国市场。

当时汉口沿长江246平方公里区域内先后划出了英、俄、法、德、日、美等国租界，建立了12个外国领事馆，设立了近30家外资银行和金融机构，先后有18个国家前来通商、建港、设置工厂、洋行；包括英国的麦加利、汇丰、丽如、利生；美国的花旗、友华、万国；日本的正金、住友、汉口银行；还有德、俄、比利时、意大利、法国等国的德胜、清华、华比、义品、东方汇理银行等，在汉口都设有分行。使得汉口像上海、天津一样，呈现出带有浓厚殖民色彩的繁荣景象。

今天汉口的沿江大道，江汉路附近，仍然保留了很多当年西方各国银行，商行所兴建的欧式建筑，成为武汉堪与上海外滩、天津解放路媲美的独特风景。其中最醒目耀眼的则是沿江大道与江汉路交会处的"江汉关"大楼，这栋带有钟塔的欧洲式大楼，就是汉口开埠之后海关所在地，今天仍然是汉口海关的办公地点。如果说黄鹤楼是武昌地区的代表建筑，那么江汉关就是汉口地区的地标。

其实1861年开埠前，清政府在武汉三镇就已经设有内陆关卡，例如武昌的"江关"、汉阳的"朝关"、汉西的"宗关"、汉口的"汉关"。

1861年汉口开埠之后，英国单方面公布了《扬子江贸易章程》和《长江通商章程十二款》规定："外商商运货到长江中上游，只需在镇江办备手续，即可在镇江以上各口随意装卸合法商货，返镇江前勿庸履行任何海关手续。"导致外轮拥入长江中、上游。

当时的湖广总督官文对此极为不满，于是上奏折，请求在汉口设关。几经周折，"总理各国事务大臣"恭亲王奕訢终于颁发札谕："汉口地方，据该督奏称，必须设关，自应准其建立，查验出进各货。"

1863年1月1日，江汉关在汉黄德道兵备

道、江汉关监督郑兰主持下正式开关，同时其他内陆关卡全部撤销。

1月15日，首任江汉关税务司狄妥玛（Dick Thomas）向总税务司赫德（Robert Hart）报到。

最初，江汉关署设在夏口县汉口河街，当时英租界外花楼街滨江青龙巷内，江汉关监督则设于汉口居仁门巡检司署附近官衙，当时沿河大道只是一条仅能通行独轮车、轿子的小街道交通不太方便。后来江汉关业务发展很快，业务量仅次于上海江海关，旧址狭窄简陋，不敷使用，必须修建新的海关大楼。

根据上海江海关的选址经验，江汉关税务司穆和德将江汉关大楼位置选在英租界东南角（今江汉路口，当时是英租界工部局及巡捕房）。该处位于华洋交界之处，华界这边是黄陂街、前后花楼街一带的商贸市场。租界这边是各国大银行和大公司所在地；穆和德向总税务司赫德建议，经英国驻汉口代总领事罗善乐同意转让。但适逢义和团起义事件，因此房屋转让之议暂行搁置。

义和团起义被镇压之后，1906年任职江汉关税务司的克罗斯和1907年任职税务司的安格联先后与英国驻汉口总领事费雷泽商议转让之事，费雷泽同意转让，但需中国政府保证，只能作海关办公之用，不能作其他用途，经清廷正式承诺，终于达成协议。

1907年，赫德就指派海关总署建筑工程师阿诺德负责设计大楼，当时阿诺德由于

1. 江汉关钟塔
2. 百年历史的江汉关
3. 沿江大道上的欧式消防柱

患病未能执行。于是在上海公开征图，选中上海著名的英商斯蒂华达生·斯贝司建筑工程公司的建筑工程师辛浦森所设计的图纸。经海关总署工程部门审核后，报经总税务司赫德批准按图兴建江汉关大楼。不过因为江汉关原办公处所与招商局，英商太古洋行之间的土地置换问题相当复杂，所以一直拖到1922年中，新大楼才开始动工。

大楼施工由汉口英商景明洋行工程部门监造；主体工程由魏清记营造厂承建；土方工程由汉口刘歆记填土公司承包。由于江边土地只是淤积的泥沙，因此大楼的土方和基础工程量非常庞大。当时刘歆记填土公司铺设了一条从后湖、姑嫂树到江汉路江边的轻便铁路，并用从法国购买的两辆小火车头拖带运土翻斗车，将土方运到工地。基地填好后还要将百来根长度30米左右的木桩打到岩

层，然后用混凝土及数吨重的大麻石奠基，这项填土奠基工程，就花了大约半年才完成。建筑工程则从1923年1月开始到1924年1月21日完工。

这栋大楼占地1499平方米，建筑面积4109平方米，总高度83.8米。建筑线条劲直，棱角清晰，底层主体建筑是正方形的四层楼，正面与侧面各有8根10米高、1.5米粗的科林斯式廊柱，柱头装饰着忍冬草花纹，建筑物的墙壁、顶盘、梁柱都采用湖南麻石砌成，并刻有花纹；底层庄重厚实，中上层高耸典雅。

主楼一层设有报关人员休息室、报关厢房、化学检验室、缉私物品仓库等。二楼是工作人员的大办公室；三楼则是税务司办公室及秘书、巡江事务等办公室；四楼作为

清末汉口市各国租界略图

清朝的海关总税务司——赫德

赫德（Robert Hart，1835～1911年），英国人，1854年19岁的赫德来华，先后在英国驻宁波和广州领事馆担任翻译和助理。1858年，广州继上海之后设立洋关。赫德经英政府批准，于1859年5月辞去领事馆职务，6月获聘"广州新关副税务司"。

咸丰十一年（1861年），当时的总税务司李泰国（Horatia Nelson Lay，1833～1898年）认为清朝即将不保，急忙请假离开中国。离开前向署理各口通商大臣薛焕推荐江海新关税务司费士来（G. H. FitzRoy）与粤新关副税务司赫德；于是恭亲王，任命费士来与赫德会同署理总税务司职务（当时的中国海关掌握在英国人手上，李泰国是第一任海关总税务司）。赫德汉语流利，为人自制、沉着、圆融，熟悉官场礼节和中国士大夫习气，跟恭亲王、文祥等大臣过从甚密。费士来虽然资历高于赫德，但他不懂汉语，因此实际上是赫德独掌总税务司大权。

清同治三年（1863年），李泰国销假返回上海，赫德结束代理总税务司职务。然而清廷为了削弱李泰国的权力，想尽方法重用赫德，于是除了任命赫德为"江海关税务司"之外，还负责长江各口关务。不久，恭亲王就上奏弹劾李泰国，推荐赫德。同治二年（1863年），李泰国革职，赫德继任总税务司。年仅28岁的赫德，就此成为清朝中国海关总税务司，而且连续任职48年。

海关主权旁落，是清廷无能的证明，也是主权国家的耻辱。不过讽刺的是，赫德管理下的中国海关却是腐朽帝国中唯一廉洁的衙门，他引进整套的英国行政管理经验，行政组织、人事管理、征税章程都有严格、统一的体系，财务制度由英国财政部官员制定，数十年里很少发生舞弊行为。除了税收，赫德任内还创建了统计、浚港、检疫等整套严格的海关管理制度，新建沿海港口灯塔、气象站，还创建了中国的现代邮政系统。

随着对外贸易扩大，不到20年，原本不起眼的海关居然成为帝国最重要的财政来源。赫德上任时，总税务司署已经管辖14处新关，几乎遍及所有通商城市，雇用外籍雇员400多人，华籍雇员千人左右，是个庞大的行政部门。1861年海关税收达到496万两，1871年为1121万两，到1902年已达到3000万两，是清廷最稳定、可靠的财源。建关前5年，海关就为清政府偿还了《北京条约》的1600万两白银英法赔款；太平天国战乱时期，海关更为朝廷提供了巨额的财政支持。

赫德被清廷视为客卿，他代表大英帝国的野心，却又以"中国政府外籍雇员"自居。总理各国事务衙门视他为"可以信赖的顾问"。赫德不仅在海关建立总税务司的绝对统治，还涉及中国的军事、政治、经济、外交甚至文化、教育各方面。1862年，中国第一个新式学校"京师同文馆"成立，经费来自海关税收，负责人由总税务司推荐。1866年，赫德劝说清政府第一次派员出国考察。1879年，赫德协助购买8艘军舰，成为北洋海军的起源。1887年，为了解决鸦片走私问题，劝说中葡两国签订《里斯本会议草约》，由葡萄牙"永据"澳门，换取葡萄牙澳门当局协助海关征收鸦片税。赫德还曾参与《烟台条约》、《中法新约》、《中英会议藏印条约》和《辛丑条约》的签订，并且利用关税抵押担保，直接参与中国举借外债的活动。除了税务之外，在外交和内政都有不可忽视的影响力，甚至封疆大吏的人事任命，有时也要咨询他的意见。

1864年赫德被授予按察使衔（三品）；1869年被授予布政使衔（二品）；1881年被授予头品顶戴；1885年被授予双龙二等第一宝星、花翎；1889年被授予三代正一品封典；1901年被封为太子少保；1911年赫德病故，同年9月23日，清政府追封赫德为太子太保。赫德也受到欧洲各国政府的表彰。1870年，瑞典授予他VASA骑士勋章，法国、比利时、奥地利、意大利、葡萄牙、荷兰、普鲁士等政府也都授予他各种荣誉。英国政府于1879年授予圣迈可和圣乔治十字勋位爵士，1889年授予圣迈可和圣乔治大十字最高级勋位爵士，并于1893年封为从男爵。

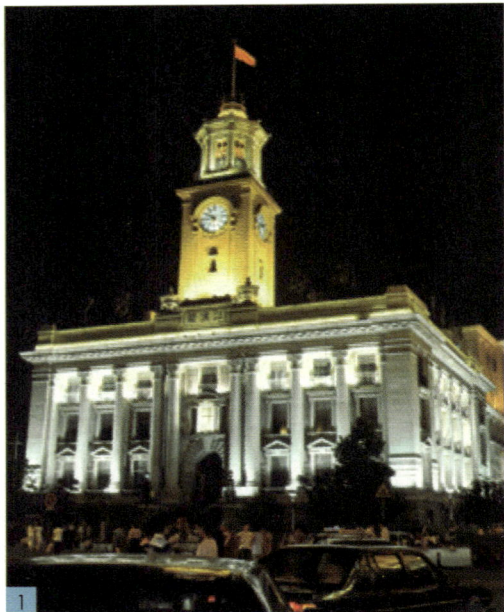

高级关员的居室。整栋大楼内部装修非常考究，办公室、会议室、卧室等都采用柚木门和英国制造的柳安木地板，窗户镶嵌大型透明玻璃。照明灯具、吊扇、开关和电线等都来自美国通用电器，电梯购自英国梅德威公司。水管、水泵及卫生设备则是英国戈登公司的产品。安置在地下室的中央控制供暖系统，则是美国暖气设备公司所制造。

江汉关的标志——钟楼，主楼平台上到中楼顶层有4层楼高，高度大约43.2米，钟面直径3米。最初钟楼的机件来自瑞士，而报时装置则购自美国。当时钟楼报时所敲响的音乐跟剑桥大学圣玛丽教堂钟楼、英国伦敦议会大厦大笨钟一样，也就是今天几乎已经成为国际报时钟声标准的《威斯特敏斯特曲》。

今天机械钟已经退役，改由电子石英钟服务。著名的《威斯特敏斯特曲》虽然曾经在"文化大革命"期间改成《东方红》，但1987年又改回《威斯敏斯特曲》，并延用至今。

《威斯特敏斯特曲》是1794年英国著名作曲家克洛兹以4个音符编写的一组报时音乐，最初被剑桥大学圣玛丽教堂钟楼采用，号称"剑桥钟声"。1859年，英国议会大厦钟楼（大笨钟）也以此曲报时，因而声名大振。

原本钟楼顶上还安装了一座风向标，由E、S、W、N个英文字母组成（East东、South南、West西、North北）。风向标上还立有一个镏金英式帆船标志，别具特色。

钟楼顶层平台是瞭望信号台，站在台上可以俯瞰汉口港全景，并且可以观察进出港口的轮船，通过信号员打出旗语，指挥轮船进港或出港。过去这个信号台由4个信号员值班，每6小时换一次班。挂红灯笼，表明有轮船自下游进港；挂绿灯笼，表示有轮船自上游进港。信号员同时用电话向港务局副检查长报告有关轮船出入港口情况，当班人员一一记入登记簿，并在公告栏上公布，以便海关人员进行查验。

最近据说已经82岁的老海关办公大楼即将退役，后续将作为博物馆向市民开放。这栋具有欧洲文艺复兴风格的武汉市优秀近代建筑，不仅是武汉的地标，同时也将展开新的生命。

1. 江汉关夜景
2. 武汉港是中国最大的内河港口
3. 沿江大道旁还有不少过去租界里的西式建筑
4~6. 沿江大道夜景，欧式情调浓郁

长沙

长沙是一座具有3000年历史的"楚汉名城"，也是中国首批公布的24座历史文化名城之一。早在春秋时期长沙就是楚国雄踞南方的战略要地，一直到今天，城址一直没有太大变动，今天的街巷有些还与2000多年前的道路重叠，是中国长期在同一位置建城的城市之一。

"长沙"这个地名最早见于《逸周书·王会》，关于贡品的记载中就有"长沙鳖"；《史记·越王勾践世家》也有"雠、庞、长沙，楚之粟也"（意思是雠、庞、长沙，这三个地方是楚国的粮食产地）。

长沙建城大约有2400年历史，春秋战国时期楚国在长沙建城，楚成王时长沙属于"黔中郡"管辖。秦始皇统一中国之后，设置"长沙郡"是秦朝天下36郡之一，这也是长沙以行政区名称加载史册的开始。西汉时期，长沙是"长沙国"的都城；东汉初废"长沙国"再改设"长沙郡"。此后长沙曾经划归"荆州"，也曾经是"湘州"、"潭州"的治所，潭州路，湖广行省治所。历代多有变更，直到清康熙三年（1664年）建"湖南省"，长沙同时作为长沙府和湖南省治所。

清朝末年，长沙人才辈出，曾国藩、曾国荃、左宗棠、胡林翼等人平定太平天国，发起洋务运动，收复新疆等，对晚清影响深远。清末民初，长沙成为重要的政治与革命活动基地。在长沙兴办"时务学堂"的陈宝箴、谭嗣同；成立"华兴会"的黄兴、陈天华，都是很有影响力的人物。

"马王堆汉墓"和"走马楼简牍"等重要文物的出土，反映出长沙深厚的"楚文化"以及"湖湘文化"内涵，位于岳麓山下的"岳麓书院"更显现出长沙深厚的人文气息。

《逸周书》，原名《周书》，是中国古代历史文献的汇编。汉朝刘向的《隋书·经籍志》以及刘知几的《史通》都认为《逸周书》是孔子删节《尚书》时删掉的部分，是"周书"的逸篇，因而得名。但是今人大多认为此书主要篇章应该出自战国时期，有些篇章可能还经过汉朝人改写或增附。例如《时训篇》以雨水为正月中气，惊蛰为二月节气，这种说法与汉朝之前的历法明显不同。《逸周书》在汉代已经散佚不全。由于《逸周书》部分思想与儒家相违背，所以一直不受重视，没有人精细校订，所以版本很多，而文字错误严重。

谭嗣同（1865～1898年），字复生，号壮飞，又号华相众生、东海褰冥氏、廖天一阁主等；湖南浏阳人，著名维新派人物，主张中国要强盛，只有发展民族工商业，学习西方的政治制度；公开提出废科举、兴学校、开矿藏、修铁路、办工厂、改官制等变法维新主张，并写文章抨击清政府的卖国投降政策。1898年参与戊戌变法，变法失败后，于1898年9月28日在北京宣武门外菜市口刑场英勇就义。同时被害的维新志士还有林旭、杨深秀、刘光第、杨锐、康广仁，六人并称"戊戌六君子"。

陈天华（1875～1905年），原名显宿，字星台，亦字过庭，别号思黄，湖南新化人，母亲早逝，父亲陈善是乡村塾师。陈天华少年时家境贫寒，曾经辍学在家乡做小贩，喜爱小说唱词，常模仿其文体写作通俗小说或山歌小调。后来得到资助进入"资江书院"。光绪二十四年（1898年）进入求实学堂，受到维新思想的影响。之后又岳麓书院求学。

光绪二十四年（1903年）年春，官费送往日本留学，进入"弘文学院"师范科。不久，拒俄事件发生，他加入黄兴组织的"拒俄义勇队"，回国准备策动武装起义。撰写《警世钟》、《猛回头》两部浅近通俗的宣传作品。揭露帝国主义列强瓜分中国已迫在眉睫，指出清朝政府已成为"洋人的朝廷"，号召全国各阶层民众团结起来革命，在社会上产生强烈反响。不久，在长沙参与黄兴"华兴会"的发起与组织，并到江西策动军队起义。1904年春，再到日本，进入"法政大学"。8月冒险回国，准备参加华兴会发动的长沙起义。因事迹败露，又去日本。

1905年6月，与宋教仁等创办《二十世纪之支那》杂志。7月孙中山到日本，主张联合各革命团体，组织中国同盟会，陈天华积极赞成。8月"同盟会"成立，他被推为会章起草人之一。《二十世纪之支那》改为同盟会的《民报》后，他在《民报》上先后发表不少文章和政治小说《狮子吼》。同年11月，日本文部省颁布歧视并限制中国留学生的《清国留学生取缔规则》，留日学生发动大规模活动抵制这个规则。为了激励人心，陈天华在12月7日留下万余字《绝命书》，次日投海自杀，以死报国，时年30岁。

陈天华的死，在当时非常轰动。次年在黄兴、禹之谟筹办之下，灵柩运回长沙，各界群众不顾官方阻挠，决定公祭并葬于岳麓山，送葬队伍多达数万人，军警亦为之动容，不加干涉。

承帝曰咨翼辅佐
卿洲渚与登鸟兽
之门参身洪流而
明发尔兴久旅忘
家宿岳麓庭智营
形折心罔弗辰住
求安定华岳泰衡
宗疏事裹芳余伸
禋郁塞昏徙南涂
行亭长制食备万
国其宁窜舞永奔

禹碑释文 明杨慎

湖湘屏障——岳麓山

岳麓山海拔只有的300米，却绵延数十公里，犹如长沙西面的一道屏障。岳麓山属于南岳衡山山脉，古人把岳麓山称为"灵麓峰"，列为南岳七十二峰之一。

岳麓山名胜古迹众多，汇集湘楚文化精华，坐落山中的岳麓书院为宋代四大书院之冠；麓山寺号称"汉魏最初名胜，湖湘第一道场"；青枫峡的爱晚亭名列中国四大名亭。

禹碑

岳麓山云麓峰左侧的"禹碑"，也称为"禹王碑"，原碑据说为于衡山，这座古篆字碑传说是大禹治水时来到南岳衡山，在岣嵝峰立下了这块石碑，所以也称为"岣嵝碑"。东汉赵晔《吴越春秋》记载："禹登衡山，梦苍水使者，投金简玉玉字之书，得治水之要，刻石山之高处。"唐代韩愈曾经登上岣嵝峰寻访禹碑，虽然没有找到古碑的记载，却留下了"蝌蚪拳身薤叶拨，鸾飘凤伯怒蛟螭"的诗句。

这座碑的字体极为罕见有人称为蝌蚪文，也有称为鸟篆，非常难辨认，明代杨慎、沈镒，清代杜壹，当代童文杰、曹锦炎、刘志一等学者先后都作过"岣嵝碑释文"。但是并没有形成学术界公认的标准释文。

宋嘉定五年（1212年），何致游南岳，在岣嵝峰临摹碑文，回程经过长沙时请人翻刻在岳麓山云麓峰。宋朝之后以后，这块碑被土石掩盖。明代长沙太守潘镒找到这座宋朝时仿刻的石碑，拓印之后传送各地，这块碑刻有9行、77个奇特古篆字的禹碑从此举世闻名。现在中国各地有10多处禹碑，都是根

《岣嵝山》——韩愈

岣嵝山尖神禹碑，字青石赤形模奇。

科斗拳身薤倒披，鸾飘凤泊拿虎螭。

事严迹秘鬼莫窥，道人独上偶见之，

我来咨嗟涕涟洏。

千搜万索何处有，森森绿树猿猱悲。

据岳麓山禹碑拓片复刻。

过去始终认为这块碑是记载大禹治水的功绩，但是近代学者提出不同看法。曹锦炎认为岣嵝碑并不是禹碑，而是战国时代越国太子朱句代表他的父亲祭拜南岳的颂词。刘

志一则认为岣嵝碑可能是楚庄王三年（公元前611年）所立，内容是歌颂楚庄王征服庸国的功勋。他认为岣嵝碑上的文字是夏朝官方文字，这种文字到战国末期逐渐消失。秦汉文字改革后，绝大多数无法辨认。加上内容是楚地方言，通用字、借用字很多，字体又采用对称装饰的手法，更加难以辨认。刘志一花费10年心血翻译此一碑文，大意与《春秋左传·文公十六年》记载楚庄王灭庸国的过程大同小异。

1. 明朝大才子杨慎的禹碑释文
2. 衡阳石鼓书院里的禹碑

岳麓山上的宋朝禹碑

千年学府——岳麓书院

"岳麓书院"位于长沙市湘江西岸岳麓山，是中国古代著名的四大书院之一。这座书院创始于北宋开宝九年（公元976年），历经宋、元、明、清，直到晚清光绪二十九年（1903年）改制为"湖南高等学堂"，民国十五年（1926年）年更名为"湖南大学"，号称"千年学府"；岳麓书院至今仍然作为湖南大学下属的教学机构对外招收学生。

岳麓书院的前身可以追溯到唐末五代时期智睿等二僧在岳麓山下兴办的书院。北宋开宝九年，潭州太守朱洞在岳麓山下、抱黄洞附近，智睿等僧人办学的遗址上，正式创立岳麓书院。

不久朱洞去职，书院因一时得不到经济支持而萧条，到咸平二年（公元999年）李允则担任潭州太守时又恢复生机。李允则对于教育、兴学非常积极。在他主持下恢复并扩建岳麓书院，并且拨给田产，形成具有讲学、藏书和奉祀三个功能的书院体制。

当时书院正式的学员有60多人，其他旁听、从学者还不在此数。宋真宗因为岳麓书院办学有功，所以接受李允则的奏请，赐书给书院，所赐之书包括《释文》、《史记》、《唐韵》、《玉篇》等各种典籍。北宋王禹在《潭州岳麓书院记》中记载："谁谓潇湘？兹为洙泗。谁谓荆蛮？兹为邹鲁"。把岳麓书院比为孔孟之乡的"洙泗"、"邹鲁"。潭州从此被称为"潇湘洙泗"。

北宋大中祥符（1008~1017年）年间，周式就任山长。扩大办学规模，学生名额由原来的60多人提高到数百人，定且扩建学舍。大中祥符八年（1015年），宋真宗召见周式，钦赐御笔"岳麓书院"匾额。今天书院所存明代"岳麓书院"刻石，就是当年宋真宗御笔。宋真宗想把周式留在朝廷，任命他为国子监主簿。但周式坚辞不就。在周式执掌下，岳麓书院成为天下四大书院之一。

北宋为了加强思想控制，振兴衰落中的官学，拓宽科举取士的途径，曾展开了4次兴学运动。在官学运动的冲击之下，各地书院遭到了摧折，有的被废弃，有的则改成

了官学。同样，岳麓书院也难逃厄运。绍圣四年（1097年）朝廷下令废弃岳麓书院，当时的湘阴尉朱辂冒着杀头危险，以"乡校不可毁"为由抗旨。朱辂虽官微言轻，但由于岳麓书院名声在外，朝廷只好作罢。岳麓在官学运动中不仅没有沉寂下去，反而纳入了"潭州三学"的"三舍法"教育体制，成为宋朝时荆湖南路（治所在潭州，今长沙）的最高学府。

两宋之际，岳麓书院遭战火洗劫，几成荒地。南宋干道元年（1165年）湖南安抚使刘珙重建岳麓书院，命郡教授郭颖主持，书院不仅恢复旧观，而且再加以扩建，特别是延聘著名理学家张栻，更加强了岳麓书院在南宋教育和学术上的地位。

1. 岳麓书院大讲堂
2. 岳麓书院的景色十分优美
3. 岳麓书院大讲堂

"潭州三学"是指潭州州学、湘西书院和岳麓书院，分成三个等级。学生通过考试，以积分高低逐级安排升舍。官办的州学学生考试成绩优良者可升入湘西书院，湘西书院学生考试成绩优良者可再到岳麓书院深造。

"三舍法"是北宋王安石变法科目之一，用学校教育取代科举考试。"三舍法"，就是把太学分为外舍、内舍、上舍三等，外舍2000人，内舍300人，上舍100人。官员子弟可以免试实时入学，而平民子弟需经考试合格入学。"上等以官，中等免礼部试，下等免解"，后来地方官学也推行此法。

"山长"是历代对书院讲学者的称呼。五代时期蒋维东隐居衡山讲学时，受业者称他为山长；自宋朝起山长成为正式称呼。清乾隆时曾一度改院长，清末仍然恢复山长之称。废除科举之后，书院改称学校，山长的称呼才被废除。

张栻主教岳麓书院期间，提出"循序渐进"、"博约相需"、"学思并进"、"知行互发"、"慎思审择"等教学原则；学术方面强调"传道"、"求仁"、"率性立命"，培养出一批优秀学生。大批游学士子前来书院研习理学，岳麓书院成为全国闻名的理学讲堂；从学者遍及东南数省，人数有千人之多。南宋另一位大理学家朱熹专程拜访岳麓书院，举行了驰名天下的"朱张会讲"，推动"闽学"与"湖湘学"的交流，岳麓书院的影响也更加深远。

继张栻之后，"湖湘学"宗师胡宏的另一位高足彪居正于乾道五年（1167年）担任岳麓书院山长；"事功学派"陈傅良于淳熙十五年（1188年）年前来岳麓讲学，使岳麓书院在相当长的一段时间内保持活跃。陈傅良讲学时湖南安抚使潘畤再次修葺书院，州教授顾杞亲任山长。绍熙五年（1194年）朱熹任职湖南安抚使，第二次来到潭州，经过他的整治，岳麓书院再次文风鼎盛。此后岳麓书院一直持续讲学直到南宋德佑

元年（1275年）元兵攻破长沙，书院被毁。

元、明至清初，由于战乱，岳麓书院两度被焚毁，后来虽然恢复却已不复旧观。清初书院被禁，不久康熙为了表彰理学，放宽书院政策。康熙二十六（1687年）御书"学达性天"匾额，并以《十三经》、《二十一史》等赐赠岳麓书院。乾隆九年（1744年）御书"道南正脉"匾额赐赠岳麓书院，岳麓书院得以复兴。

清朝时期的岳麓书院由民办逐渐演变成官办。随着干嘉考据学兴起，岳麓书院往往由从事训诂考证的著名学者主持，授业内容也由理学转向经史考证，道光年间巡抚吴荣光在岳麓书院增设"湘水校经堂"，专以研习汉学为主。最后一任山长是清末湖南著名的经学家王先谦。

清代的岳麓书院，培养出王夫之、魏源、左宗棠、胡林翼、曾国藩、唐才常等著名湘湘学者。清光绪二十九年（1903年），延续了近千年的岳麓书院正式改为"湖南高等学堂"，此后相继改为"湖南高等师范学校"、"湖南工业专门学校"，1926年正式定名为"湖南大学"。岳麓书院自创立即以办学和传播学术文化闻名于世。历经千年、书声不绝，所以被称为"千年学府"，从岳麓书院至湖南大学的千年历史，反映了中国教育制度的变迁。

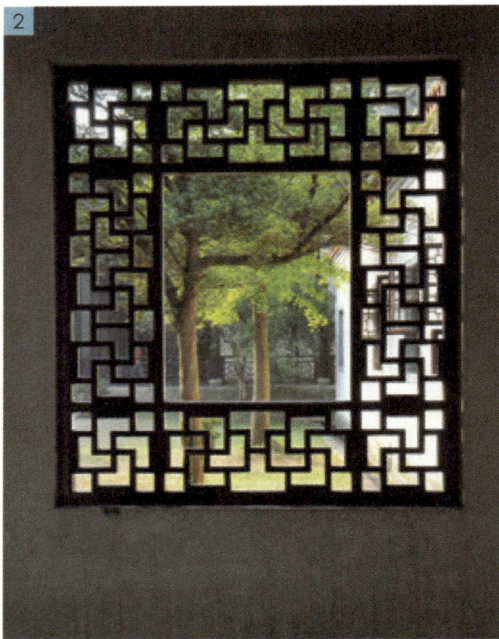

1. 岳麓书院大讲堂里的"忠"、"孝"石碑，出自朱熹手笔
2～3. 岳麓书院的景色十分优美
4. 岳麓书院里著名的"赫曦台"

汉墓传奇——湖南省博物馆

湖南省博物馆位于长沙，1951年筹建，1956年正式开放，是湖南省最大的历史艺术博物馆，也是中国第一批国家一级博物馆。这座博物馆拥有18万件以上的收藏品，包括新石器时代的石器、陶器，商周青铜器，楚国文物，东汉至隋唐的湘阴窑和岳州窑青瓷，唐朝至五代时期的长沙窑釉下彩瓷器，唐人摹王羲之《兰亭序》卷和明末清初著名思想家王夫之的手稿等，其中包括国家一级文物763件。但是最受瞩目的是"马王堆汉墓"的出土文物。

"马王堆"位于长沙东郊浏阳河西岸，只是河湾平地中隆起的一个大土堆，地方志记载这里是五代时期楚王马殷的家族墓地，所以名为马王堆。

1971年，当地驻军在马王堆的小山坡建造地下医院，施工中经常遇到塌方，钻探时从钻孔里冒出了呛人的气体，这种不明气体还能点燃！接到消息的湖南省博物馆立刻派人过去查看，确定这是一座古墓，这种古代墓葬，湖南土话叫"火坑墓"。

1972年，考古队正式对神秘墓葬进行挖掘，勘探结果显示这座墓葬南北长20米，东西长17米，是一座大型的古代墓葬。

考古队员工作时，发现了一个圆形的盗洞，幸而这个盗洞只向下延伸了17米，并没有进入墓穴。就在盗洞消失的地方，考古队挖到了白膏泥，这种白膏泥防水性特别好，古代墓葬中普遍用来防止墓穴渗水。更令人惊讶的是竟然在白膏泥里挖出了绿色的树叶！随后的发掘中，又在填土中发现了青绿色的树枝和黄绿色的竹筐。

这座方形墓葬，深20米，从上到下逐渐缩小，底部是大约4米长、1.5米高的椁室，尺寸之巨大，相当罕见。揭开椁板，中央是巨大的棺木，四周边厢里填满了珍宝，淤泥覆盖着的每件物品都像新的一样。

就在考古队员小心翼翼提取文物的时候，东侧边箱里发现了一个华丽的带盖漆鼎，打开盖子，下边是水，上面竟然还漂了一层藕片，可惜因为搬运过程的震动，藕片全部都震散了。

琳琅满目的文物源源不断地出土，最后只剩下了墓主人的栖身之所。这座庞大的棺木竟然有4层，4层棺木都用上好木料打造，最外面是庄重的黑漆素棺；第二层是黑底彩绘漆棺，黑色的底色上用金黄色绘出复杂多变的云气纹，纹路间穿插着111个怪兽或者神仙，图案想象力丰富，线条粗犷，充满远古时代的神秘气息；第三层是朱底彩绘漆棺，

红色的底色上用各种颜色，描绘许多代表祥瑞的图案，一共画了6条龙、3只虎、3只鹿、一只凤和一个仙人；最里面一层才是安放墓主人遗体的内棺，棺身涂满黑漆，外面用帛和绣锦装饰。棺盖上覆盖着一块"T"型的神秘帛画，这幅完好无损的两米长巨幅帛画是中国考古史上首次发现。

要见到墓主人的真面目，必须先揭开裹在外面的丝绸织品，考古专家花了一个星期才揭开墓主人身上所穿的20层丝绸、麻织衣物。

看到墓主人时，专家们目瞪口呆：墓主人是女性，皮肤仍然是淡黄色，按下去甚至还有弹性，部分关节能够活动，根本就不像一具古尸。女尸出土时，浸泡在棺内大约

1~2. 彩绘艳丽的层层棺椁
3. 据马王堆一号汉墓墓主人遗骸还原塑造的軑侯夫人辛追蜡像

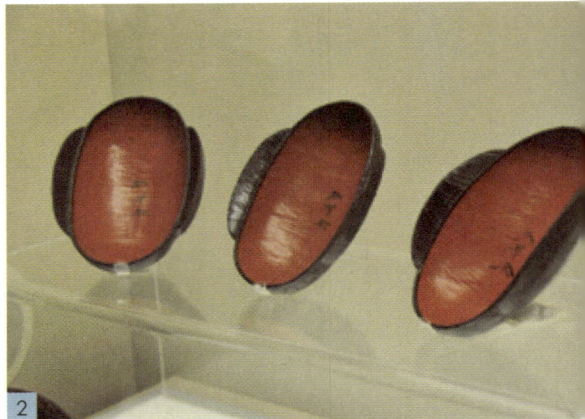

80升无色透明液体中。考古学家发现其中有乙醇等成分，怀疑用了酒精，可能当时确实有防腐剂，但也可能是在尸体出殡时盛放冰块，或用香汤沐浴，擦拭身体而留下的。有人认为这是尸体自身的水分。但棺液总共80公斤，而尸体重量还不到80公斤，不可能释放多于身体重量的尸水。这种液体到底是不是防腐剂、究竟由何而来，至今还没有定论。

清理出土文物的过程中，发现了一枚印章，上面刻着"妾辛追"几个字，说明墓主人的名字叫"辛追"。在一些随葬器物上，还印有"轪侯家丞"和"轪侯家"的字样。根据历史记载，"轪侯"是西汉初年的侯爵，曾担任长沙国丞相。由此确定墓葬是西汉初期，而地方志里关于五代十国楚王马殷墓的说法并不正确。

除了1972年发掘的墓葬，1973~1974年，又发掘了紧邻的另外两座墓葬，分别编号为马王堆一号墓、二号墓、三号墓。

在二号墓里发现"长沙丞相"、"轪侯之印"和"利苍"三颗印章，表示该墓的墓主人就是第一代轪侯利苍。三号墓墓主遗骸是30多岁的男性，可能是利苍的儿子，同时三号墓出土一件木牍，上面有"十二年十二

"遣策"是古人丧葬时，写在竹简上，记录随葬物品的列表

月乙巳朔戊辰"字样，明确指出该墓的下葬年代是汉文帝十二年（公元前168年）。

由于马王堆汉墓从未被盗，因此出土了大量文物。保存较好的一号墓和三号墓，随葬品都放置在椁室周围的四个边厢里，有满盛衣物、食品和药材等的竹笥、漆器、木俑、乐器、竹木器、陶器、兵器，以及"遣策"竹简等1000多件；特别是三号墓出土的大量帛书文献，为西汉初期历史考证提供了丰富确实的资料。

1. 轪侯夫人的化妆盒
2. 漆器耳杯底下有"君幸食"字样
4. 这座漆鼎原本还存着藕汤

马王堆汉墓中出土的精美青铜器

覆盖在棺椁上的彩绘帛画

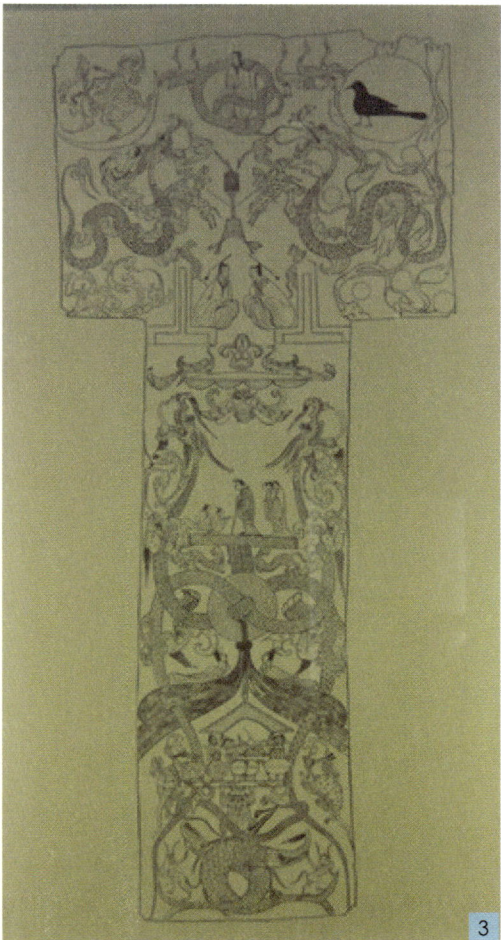

马王堆一号墓出土遣策312枚，三号墓出土遣策410枚，逐件记录随葬物品的名称、数量。虽然记载的与墓内出土实物略有出入，但大多数吻合，所以根据遣策就可以确认某些器物的名称。

一号墓和三号墓棺木上的彩绘帛画，保存完整，色彩鲜艳，是难得的珍品。两幅帛画构图大致相同，都是"T"字形，上方有系带可以绑在棍子上，应该是葬仪中使用的旌幡。帛画上段绘有日、月、升龙和蛇身神人图形，象征天上；下段绘有交龙穿璧，以及墓主出行、宴乐等场景，整幅内容应该是反映出"引魂升天"的传统思想。

此外，马王堆出土了大量的丝织品衣物，年代早，数量大，品种多，保存好，是中国古代纺织技术史的重要实物数据。一号墓边厢出土的除了15件完整的单、夹绵袍以及裙、袜、手套、香囊和巾、袜外，还有46卷绢、纱、绮、罗、锦和绣品。三号墓出土的丝织品和衣物，大部分残破，但锦的花色比较多样。而且出土了一件轻如烟雾、薄如蝉翼的素纱禅衣，衣长1.28米，长袖，重量却仅有49克，织造技巧惊人，是当时丝织品技术的惊人成就。印花敷彩纱的发现，证明当时印染方面已经具有相当高的水平。

1. 马王堆汉墓出土的二十五弦琴
2. 马王堆汉墓出土的七弦琴
3. 彩绘帛画的详细内容
4. 马王堆汉墓出土的大竹扇

素纱禅衣，《说文解字》："衣而无里，谓之禅"，是单衣的意思。马王堆一号汉墓出土的素纱禅（单）衣，长128厘米，通袖长190厘米，由上衣和下裳两部分构成。交领、右衽、直裾。面料为素纱（未染色的纱），衣缘是几何纹绒圈锦。素纱丝缕极细，用料约有2.6平方米，重量却只有49克，还不到一两。如果除去袖口和领口较重的边缘，重量只有25克左右，折叠后甚至可以放入火柴盒里。它是世界上最轻的素纱禅衣和最早的印花织物。

最精彩的是马王堆三号墓出土的帛书，帛书大部分写在宽48厘米的整幅帛上，折叠成长方形；少部分书写在宽24厘米的半幅帛上，用木条卷起。出土时都已经严重破损，整理后发现共有28件。除了《周易》和《老子》有传世版本外，绝大多数是古代佚书，此外还有两幅古地图。这是中国考古学上古代典籍的重大发现。其中甲、乙本帛书《老子》，是至今已知最古老的版本；《五星占》则是中国目前所发现的最古老的天文书；《五十二病方》是中国目前最古老医书。

马王堆重要的出土文物还有为数不少的漆器，一共约有500件之多。这是各地发现汉代漆器中数量最多、保存最好的一批。主要有鼎、匕、盒、壶、钫、卮、耳杯、盘、奁、案、几和屏风等。大部分是木胎漆器，只有少数是夹胎。装饰花纹多是漆绘的红、黑和灰绿等色，纹样则以几何纹路为主，龙凤纹和草纹为辅。部分漆器有"侯家"、"君幸酒"、"君幸食"字样，有的还注明器物的容量。

1. 极轻极薄的素纱禅衣
2. 帛书五星占，是中国已知最早的天文书籍

1

《帛书老子》，马王堆汉墓出土的古隶抄写《老子》帛书甲本，丝帛已有破损，文字也有残缺，与卷后四篇佚书《黄帝四经》一起写在半幅的帛上，现存464行，13000多字。这个版本不分章节，"德经"在前，"道经"在后，文中不避汉高祖刘邦讳，可见抄写年代应

该在汉高祖之前。这是《老子》最早的手抄本。它的出土，有助于确认《老子》一书在汉初的真实面目，不仅对于校勘传世诸本《老子》具有重要价值，而且为研究《老子》思想提供了最早的、最可靠的根据。

彩绘艳丽的层层棺椁

雁过南楼——衡阳

衡阳地处南岳衡山之南，因为北雁南飞，至此歇停，栖息于市区内的回雁峰，所以被称为"雁城"。

北方的大雁为了躲避大雪纷飞的北国冬季，每到秋末冬初就会成群结队往南方迁徙，气候温和、风景秀丽的衡阳，正是大雁南飞的中途站之一。传说有一年深秋，成群的大雁陆续飞过衡阳，继续它们的南迁之旅，其中却有一只大雁在衡阳盘旋不去，声声哀鸣，连续几天，引起衡阳太守的注意。于是太守派人四处打探原因，最后有一位住在山野间的老者告诉太守，这是一只失去伴侣的孤雁，它的伴侣必定在衡阳附近遭遇事故，所以它才盘旋不去。

听到老者的说明，太守差人明查暗访，果然发现衡山一位猎户不久之前扑杀了一只南飞的大雁。于是太守下令立碑禁止捕猎大雁，碑成之后那一只大雁才哀伤地离去。可是说也奇怪，从此南飞的大雁到了衡阳之后就不再南飞，成群结队的聚集在衡山下的湘江滩上过冬。因此人们把大雁南飞的终点定名为"回雁峰"，也就是北方的大雁在这里盘旋，并且从这里返回北方的意思。而衡山脚下、湘江滩上成群的大雁也就成为衡阳潇湘八景之一的"平沙落雁"。

南岳大庙正南门

司天昭圣——南岳大庙

南岳古镇北街尽头、赤帝峰下，富丽堂皇的建筑群就是著名的"南岳大庙"。占地面积98500平方米的南岳大庙是中国五岳庙之中规模最大，整体布局最完整的宫殿式庙宇。

根据目前已知的记载，这座庙宇最初是建于唐朝开元十三年（公元725年）的"南岳真君祠"，据说原本是建在衡山祝融峰上的"司天霍王殿"。从唐朝开元年间修建以来，这座庙一共遭遇了6次大火，经过历代的修缮扩建，才形成今天的规模。尤其是现存的大殿——"圣帝殿"，是清光绪八年模仿紫禁城太和殿的样式重修的，殿高31.11米，占地面积1877平方米，体积相当巨大。

今天的南岳大庙仍然保持了唐朝以来的基本布局，南岳大庙的建筑等级相当高，一共有9进、4重院落，更特别的是南岳大庙的东边有8座道观、西边有8座佛寺，中轴在线则是按儒家礼制的建筑。释、道、儒三教共存一庙，三教建筑泾渭分明又和睦相处。

南岳大庙的建筑包括大门"棂星门"、第二进的"魁星阁"、第三进的"正南门"、第四进的"御碑亭"、第五进的"嘉应门"、第六进"御书楼"、第七进"圣帝殿"、第八进"寝宫"、第九进"北后门"。跟其他庙宇建筑不同的是，南岳大庙里的"龙"特别多，无论梁柱、屋檐，还是

南岳大庙棂星门

柱基、神座，甚至门框、斗拱，神态各异的蛟龙随处可见，原来这里自古就有"八百蛟龙护南岳"的传说。

相传远古时代，祝融就住在衡山，他教民用火，化育万物，深受百姓爱戴。为了使火种不灭，他把火种埋在南岳山底。谁知道祝融升天成神之后，地下火种突然燃烧起来，南岳顿时成为一片火海。居于祝融峰顶的南岳神连忙请龙王帮忙灭火。龙王得知之后立刻兴云布雨，不料火势凶猛，降下的甘霖竟然变成滚烫的沸水，百姓倍受煎熬。龙王大吃一惊，立刻派遣有道行的八百蛟龙，打通了南海到南岳之间的水道，才把火势压下来。后来龙王又命令八百蛟龙分别住在南岳的深潭泉洞之中，夏天用凉水冷却地下神火；冬天让地下神火慢慢升腾，融化地面冰雪。从此南岳到处有泉眼、深潭，气候冬

1. 南岳大帝
2~3. 南岳大庙的雕刻上披金箔，非常耀眼
4. 南岳庙里龙的形象相当多

暖夏凉，万物欣欣向荣。为了酬谢八百蛟龙的护佑，人们便在南岳大庙里塑像造型，以表彰它们的功德。虽然只是个传说，但是以中国传统的阴阳五行学说看来，在主火的南岳大庙里雕刻大量主水的蛟龙，以求镇压火气、水火调和，也不无道理。

在南岳大庙的大门前有一座石拱桥，叫作"寿涧桥"，桥下是"寿涧水"，相传"取岳山之水可以延年益寿"，因为在传说之中，南斗星君主寿，所以南岳也被称为"寿岳"，不只是火神的地盘，也是寿星的住处。御碑亭四周檐板上也装饰了200个字体各异的"寿"字，而且北后门的东边有一座"注生殿"，祀奉南斗星君，也是由于这个原因。

第七进圣帝殿的前面左右有两座宝库，是供香客焚化香纸炮烛的金炉。当地传说"南岳圣帝照远不照近"，对远来香客特别眷顾，所以每年都有数百万外地信徒前来进香。不过这两座宝库各有作用，面对大门右边的宝库是供活着的人祈福焚香用的，左边的则是为祭祀先人焚香的地方，可不要烧错金炉。而且南岳大庙的习俗，烧金纸必定要放炮，所以每到新年南岳大庙祈福法会时，人声鼎沸、鞭炮震天，热闹非凡。

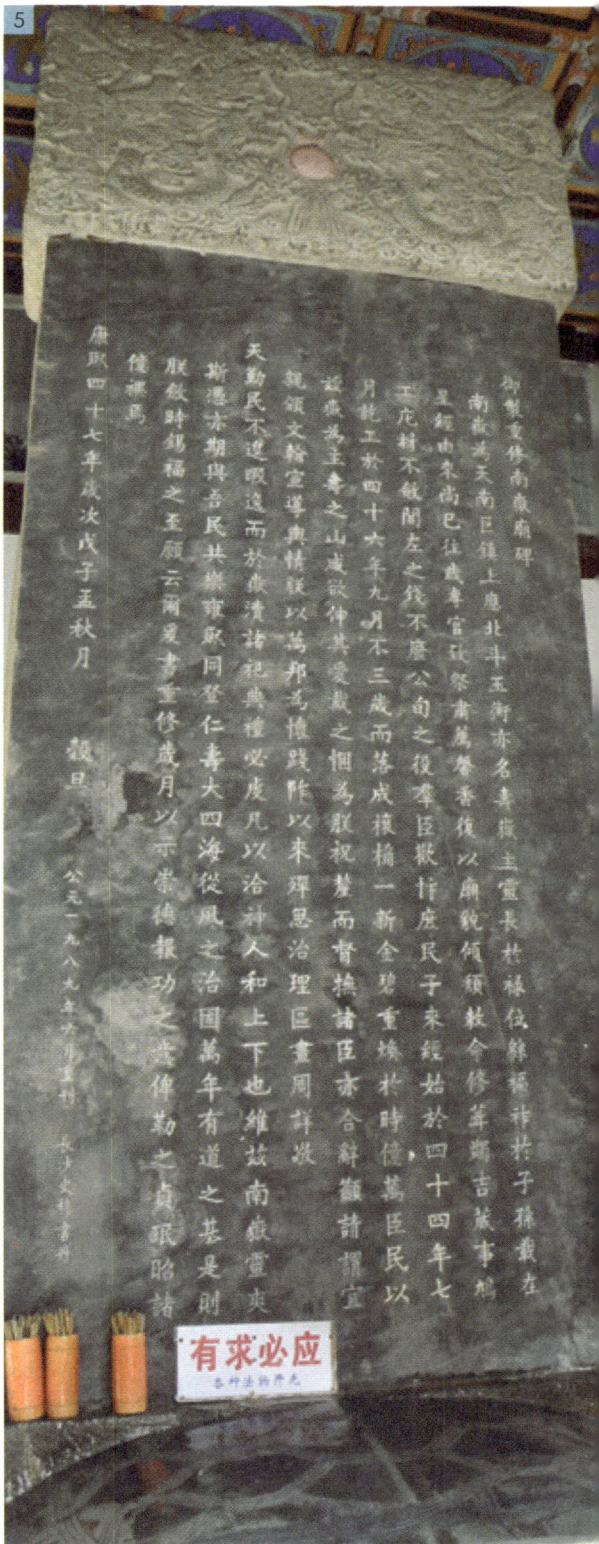

1. 南岳大庙正殿——圣帝殿
2~3. 巨大的宝库，烧金纸的地方
4. 巨大的供桌
5. 御碑亭里的康熙御碑

御碑亭

祝融峰西边的望月台

万丈轻烟——祝融峰

"祝融万丈拔地起，欲见不见轻烟里。"唐代韩愈的诗既描写了祝融峰的高峻雄浑，又展现出衡山云雾的奇幻瑰丽。

祝融峰是南岳七十二峰的主峰也是最高峰，海拔1290米左右。相传祝融氏善于用火，他以火施化、教民熟食、生火御寒、举火驱兽，功德光耀天下，于是黄帝命他为火正（赤帝、火神）。基于中国传统的阴阳五行思想，南方属火，管火的祝融很自然被尊为主管南方的神祇，所以人们将南岳的最高峰命名"祝融峰"，不过也有另一种传说认为祝融就埋葬在衡山之巅。因为宋朝时皇帝曾经加封祝融为"南岳司天昭圣帝"，所以民间也称他为南岳圣帝。

祝融峰上只有一组建筑——"祝融殿"。据说隋朝之前就已经有庙宇建筑，唐朝李冲昭的《南岳小录》里记载，这里最初是"司天霍王庙"。这座庙后来迁移到山脚下，就是今天"南岳大庙"的前身，随后祝融峰上又建了"老圣殿"，不久又改建为"尺天庵"，明朝的湖广按察使又在这里修建了"开云祠"，一直到清乾隆年间才奉旨在建筑遗址上修建祭祀祝融的"祝融殿"。

祝融殿的规模不大，建筑物由南至北分为山门、正殿、后殿三部分。山门与正殿之间有一座天井，左右有回廊与殿宇相连。比较特别的是祝融殿的建筑材料，它不是一般的木结构建筑，它的墙壁全部以大石块砌

成，屋顶上覆盖的不是一般的瓦片，而是每一块长2尺、宽1尺、重15公斤的特制铁瓦。因为这座庙宇修建在衡山之巅的一块巨大岩石上，基础非常牢固，但是因为山顶寒冷、风势强劲，衡山又经常云雾弥漫，在风雨霜雪的侵袭之下，庙宇屡建屡毁；所以清乾隆年间在遗址上重建时，特别以石块砌成墙壁，铸造铁瓦覆顶，以求"罡风不能动摇，冰雪不可冻裂"。此后在光绪、民国年间曾经两度重修，祝融殿因此得以保存至今。虽然这是一座道教庙宇，不过现在却归南岳佛教学会管理。1983年10月，祝融殿被公布为湖南省的省级文物保护单位。

在登上祝融峰顶的山道上，很远就能看见这栋巍然独立在山巅之上的雄伟建筑，虽然规模不大，由下而上仰视还是相当壮观。爬上低阶，步入祝融殿，正殿供奉的就是南岳圣帝——祝融，历朝历代许多皇帝都曾经来这里朝拜、祭祀圣帝，祈求国泰民安，造

福生灵。在圣帝殿后面供奉的则是南岳开山
祖师慧思和大慈大悲观音菩萨、雷神等诸佛
神仙。

　　祝融峰的西边有望月台，无云的夜晚，
在这里赏月另有一番风味。峰上还有一座观
日台，是欣赏衡山日出的最佳位置。

1~2. 祝融峰上的祝融殿
3. 衡山最高峰——祝融峰
4. 南岳司天昭圣帝

《祝融峰》——韩愈
祝融万丈拔地起，欲见不见轻烟里；
山翁爱山不肯归，爱山醉眠山根底。
山童寻着不敢惊，沉吟为怕山翁嗔；
梦回抖擞下山去，一径萝月松风清。

福严寺号称"天下法院"

南禅法院——福严寺

福严寺位于衡山掷钵峰东麓，根据《南岳志》记载：福严寺原名"般若寺"，又名"般若台"，由佛教天台宗二祖、被尊称为"南岳尊者"的慧思和尚在南朝陈朝光大元年（公元567年）创建，是南岳最古老的名刹之一。

唐先天二年（公元713年），禅宗七祖怀让禅师到南岳之后，在般若寺驻锡，并将般若寺辟为禅宗道场，透过他的弟子马祖道一禅师，南宗的"顿悟"法门弘传天下，天下佛子以福严寺为传法佛院，可见它在禅宗南宗之中的显赫地位。北宋太平兴国年间（公元976~984年），般若寺改名"福严寺"。

怀让禅师来到南岳时，衡山上有一位俗姓马的道一和尚，修习北宗"渐悟法门"，

慧思和尚，俗姓李，后魏南豫州汝阳郡武津县（今河南上蔡县）人。15岁入寺院，20岁受具足戒，平时不常和人来往，每天读诵《法华》等经。因为阅读《妙胜定经》，开始修习禅观，经常外出参访，寻问禅法，于山林之间经行修禅。

他曾经跟随慧文禅师修习禅法，白天随众僧事，夜间专心修禅，结合《法华经》之意，悟得法华三昧。后来创立天台宗的智颛大师，曾经师事于他，因此后来天台宗尊他为三祖。陈朝光大二年，慧思和尚带领徒众40多人前往南岳，在那里继续提倡修禅，双开定慧两门，日间谈理，夜间修禅。

每天独坐在岩石上禅定，很少与人来往。有一天怀让禅师拿着一块砖，在离道一和尚禅定处不远的石头上磨了起来。起初道一和尚也不加理会，时间久了不禁好奇地问怀让："磨砖干什么？"怀让答道："磨成镜子。"道一反问："砖怎么能磨成镜子"？于是怀让说："既然砖磨不成镜子，那么坐禅又怎么能够成佛？"道一立即离座，恭敬请教如何才能成佛。怀让接着问他："如牛驾车，车若不行，打车即是？打牛即是？"道一无言以对，怀让见机开导说："汝学坐禅，为学作佛；若学坐禅，禅非坐卧；若学坐佛，佛非定相；于无住法，不应取舍；汝若坐佛，即是杀佛；若执坐相，非达其理。"道一豁然开悟，恭敬礼拜问怀让。如何用心，即合无相三昧？怀让说："汝学心地法门，如下种子，我说法要，譬彼天泽，汝缘合故，当见其道。"道一又说："道非色相，云何能见。"怀让回答："心地法眼能见乎道，无相三昧亦复然矣。"道一接着问："有成坏否。"怀让回答："若以成

坏聚散而见道者。非也。听吾偈曰。心地含诸种，遇泽悉皆萌；三昧华无相，何坏复何成。"道一从此拜怀让为师，专修"即心即佛"、"见性成佛"的顿悟法门。后来道一禅师在江西开堂说法，弘传南宗教义，成为一方宗主，座下开展出"临济宗"和"沩仰宗"二大法系，世称"马祖道一"。后人于是把怀让禅师磨砖的地方称为"磨镜台"，并刻上"祖源"二字。

福严寺依山而建，占地约四亩，是一座砖木结构建筑。第一进是山门，门上刻有"天下法院"匾额，两旁有"六朝古刹，七祖道场"联对；第二进是知客厅，廊柱上刻着楹联"福严为南山第一古刹，般若是老祖不二法门"；第三进是岳神殿，殿中有南岳神塑像一尊。

佛寺中怎么会有岳神殿？这是因为当初般若寺建寺时的传说。传说慧思和尚到了南岳之后，想找一块地修建寺院，他得知南岳神喜欢下棋，有"赢家所求，输家必应"的习惯，于是就去找南岳神对弈，连胜三局。南岳神问他有何所求，慧思和尚说："但求尊神赐一檀越之地，给小僧禅定。"南岳神允许了。慧思就与南岳神约定，以锡杖择地，杖落之处方圆百丈归慧思使用。说着慧思和尚把锡杖向空中一抛，锡杖冉冉飘到天柱峰南边一块绿荫掩映的林地，也就是般若寺现址。看到这结果，南岳神当场一怔，说："你选的这块地正是我的下榻之所。"慧思和尚说："蒙尊神赐地，我定在道场内设榻恭候，长年供奉，以谢恩赐。"因此从般若寺创建起，寺里就修建了岳神殿。

第四进是大雄宝殿，大殿原来供奉着陈后主时铸造的三尊铜质坐佛，现在莲花台上的佛像则是1984年重新塑造的。沿着大雄宝殿后面的石级而上，就是第五进的祖堂、方丈、说法堂。说法堂上悬挂着一块金匾，上书"五叶流芳"四字。根据《传灯录》记载：禅宗自六祖惠能之后，又经过七祖南岳

南岳怀让指点马祖道一的"磨镜台"

南岳怀让

怀让禅师，唐朝金州安康人（今陕西安康），俗姓杜，有一天云游四海的玄静法师对怀让的父母说："这孩子如果能够出家的话，必定大有成就，而且可以广度众生。"

唐武后天授二年（公元691年），怀让15岁时，在玄静法师引导下，拜在荆州玉泉寺弘景律师座下；武后万岁通天二年（公元697年），满20岁的怀让受具足戒正式出家。

不久之后，怀让前往嵩山拜谒深受隋炀帝和唐高宗尊崇的嵩山慧安大师，得慧安大师的指点，随后又前往南宗曹溪宝林寺参谒禅宗六祖惠能大师。

传说惠能大师看到怀让时，劈头就问他："从哪里来的？"怀让回答："嵩山来的。"六祖大师又问："什么东西？怎么来的？"怀让顿时哑口无言，不知道该如何回答。经过了八年的参究，忽然间怀让有所领悟，便对惠能大师说："我终于明白了！"惠能大师问："明白了什么？"怀让回答："说是什么都不对！"慧能大师马上追问："那还需不需要修证？"怀让回答："修证即不无，污染即不得。"六祖听了之后，点头印可说："只此不污染，诸佛之所护念。你是如此，我也是如此。"慧能大师接着说："西天二十七祖般若多罗尊者曾预言：'在你门下将出一马驹，踏杀天下人。'这件事情你记在心中，不要说出来。"

怀让禅师留在宝林寺随侍惠能大师15年，直到唐玄宗先天二年（公元713年），六祖惠能圆寂后一年，怀让禅师才离开曹溪。此后怀让禅师云游四方，最后来到南岳衡山般若寺，开创禅宗南岳一系，大力弘扬慧能大师的"顿悟"法门；世称"南岳怀让"，与同为慧能大师座下的"青原行思"，成为禅宗南宗二大支系。

怀让禅师在南岳弘法20多年，于唐玄宗天宝三年（公元744年）八月十日圆寂，享年68岁。唐敬宗时追谥"大慧禅师"。他的弟子将怀让禅师的法语编录成《南岳大慧禅师语录》。

南岳怀让墓

怀让和青原行思大力弘扬，从五代至晚唐，宗风鼎盛。南岳怀让一系，经过马祖道一形成沩仰宗和临济宗；青原行思一系自石头希迁，又形成了曹洞、云门、法眼三宗。于是禅宗南宗两系共五宗；佛教史上称为"一花五叶"。其中以临济、曹洞宗最盛，有"临济临天下，曹洞曹半天"的美称。因为石头希迁曾经驻锡衡山南寺，所以说，南禅五宗跟南岳衡山都有点儿渊源。

福严寺是禅宗南宗著名的传法胜地，在中国佛教史上颇有盛名，高僧辈出。可惜在"文化大革命"期间，这座古刹遭到严重破坏。1986年，福严寺为新塑的佛像、观音、岳神、罗汉举行了盛大的开光法会。海内外佛徒、居士及观光者达数百人。

石头希迁，原本在六祖慧能的曹溪宝林寺，但是慧能大师圆寂时，他还没有受具足戒。不久，他就前往吉州青原山静居寺，依止先得曹溪心法的行思禅师，行思非常器重他，对他有"众角虽多，一麟已足"的评价。不久，行思命希迁前往南岳怀让处，经过怀让的指导之后再回到静居寺。后来行思就传衣钵给他。唐玄宗天宝初年（公元742年），希迁离开青原山再到南岳，受请住锡衡山"南寺"。寺旁有平坦如台的大石，希迁就在石上结庵而居，因此被称为"石头和尚"。代宗广德二年（公元764年），希迁应门人之请下山。师承青原行思的石头希迁与师承南岳怀让的马祖道一，当时称并"世二大士"。

禅宗南宗的传法圣地——衡山福严寺

七七紀念碑銘

寇犯蘆溝大波軒起
捐軀衛國忠勇將士
正氣浩然彪炳青史
漢族復興永湔國恥

第九戰區司令長官
兼湖南省政府主席 薛岳

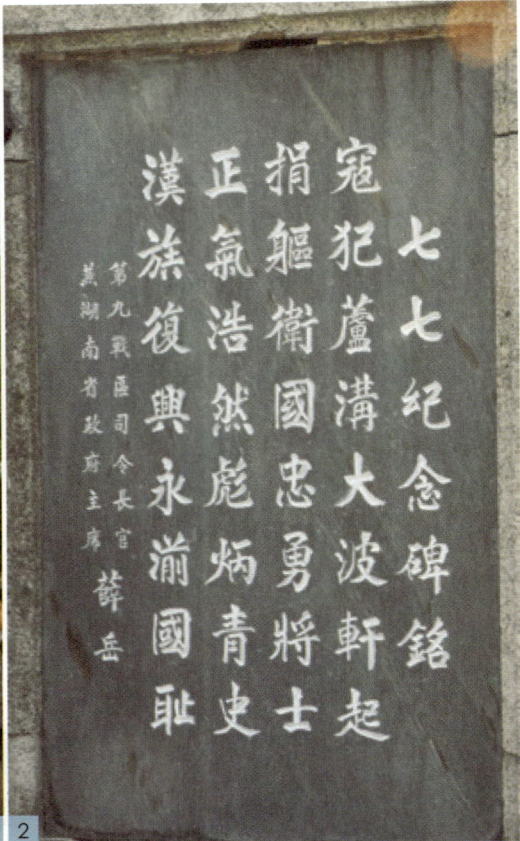

1. 炮弹造型的"七七纪念塔"
2. 薛岳将军所写的"七七纪念碑铭"

青山忠骨——忠烈祠

衡山香炉峰的半山腰，翠绿山林环抱之中，有一座模仿南京中山陵形式建造的陵墓。它就是为了纪念抗日战争阵亡将士而修建的忠烈祠，也是中国唯一纪念抗日阵亡将士的大型烈士陵园。

初见这座忠烈祠确实有点儿错愕，完全没想到会有它的存在，因为在内地行走这么多年，很少看到忠烈祠，有的话也是清朝时期的褒忠祠，1949年之后好像就只有烈士陵园而没有忠烈祠。

这座忠烈祠占地面积14400平方米，格局方正、前低后高，以一条花岗岩石板铺成的大道和276级石阶贯穿南北，将大门牌坊、"七七纪念塔"、纪念堂、致敬碑、享堂连结成一体。两侧是翠绿的山峦，四周参天古松，把整座忠烈祠紧紧环抱于山中。

陵园里共有13座大型烈士陵墓，安葬的都是第九战区抗日阵亡将士遗骸。1997年衡山忠烈祠被列入"全国重点文物保护单位"。

从南岳大庙后门，沿着东线登山公路上行大约4公里就到了忠烈祠。穿过高大的大门牌坊，眼前是一座开阔的庭院。两旁是整齐的青翠柏树。沿着石板路往前走，就是

炮弹造型的"七七纪念塔"。纪念塔中间有1大4小、5颗炮弹直指蓝天，象征汉、满、蒙、回、藏等各民族团结一心，坚决抗战。塔座四周镶嵌着4块由薛岳等军事将领题刻的"七七事变"铭文青石碑。

再往前就是石墙碧瓦、古朴大方的纪念堂。纪念堂中央，耸立着一块高约6米的汉白玉石碑，正反两面刻有纪念抗日阵亡将士碑文。纪念堂后面有9层、276级石阶分为左右两侧；以致敬碑为界，下方6层、上方3层。石阶中间的斜坡是一块绿茵草地，"致敬碑"就在石阶中间，以4条柱拱托着基座，上面是一个大型球冠。路旁还有一块石碑，刻着"游人到此，脱帽致敬"八个字，提醒游客到此肃立，缅怀英烈。

忠烈祠的最高处就是享堂，浑厚的花岗岩石墙，3座双面浮雕的汉白玉石门，上方悬挂着蒋介石题写的金色"忠烈祠"横匾。在享堂大厅正面墙壁上，矗立着抗日阵亡将士总神位，两侧并标示着各战区、各部队的番号。在忠烈祠四周的山头上，还有13座烈士陵墓。祠依墓建。墓因祠显；名山忠骨，千秋英烈。

致敬碑

最高处就是忠烈祠

武汉东湖行吟阁前的屈原像。

楚辞大家——屈原

楚辞是中国历代文体之中最瑰丽奇幻的一种，这种浪漫文体的诞生与一位著名的悲剧英雄息息相关，他就是战国时期楚国的三闾大夫——屈原。

屈原（公元前340~前278年），楚国人，中国最早的浪漫主义诗人。屈原并不姓"屈"，屈原出生于楚国贵族世家，和楚王一样姓"芈"；楚武王熊通之子瑕被封在"屈"地，于是就以地名"屈"为氏，也就是"芈姓、屈氏"，以区别于国君一族的"芈姓、熊氏"。

屈原是屈瑕的后代，楚王的本家（当时叫作"公族"或"公室"），所以他和楚国的关系不同一般。和屈氏家族类似的，还有春秋时代的若敖氏和蒍氏，战国时代的昭氏和景氏，昭、屈、景是战国时期楚国贵族的三大氏，屈氏从春秋前期到战国后期，一直位居楚国高层，屈氏的屈重、屈完、屈到、屈建等人，都曾在楚国担任要职。到了屈原这一代，屈氏当大官的人不多，只有屈原和后来被秦国俘虏的大将屈丐。屈原曾任"三闾大夫"，就是掌管王族三氏事务，负责宗庙祭祀和贵族子弟教育的官职。

屈原诞生于秭归三闾乡乐平里（今湖北宜昌市秭归县），早年受楚怀王信任，历任"左徒"、"三闾大夫"，经常与楚怀王商议国事，参与法律制定，主张章明法度，举贤任能，改革政治，联齐抗秦，提倡"美政"。

楚怀王十一年（公元前318年），屈原25岁。这一年魏惠王在齐、楚、燕、赵、韩等国支持下，任用公孙衍为相国，实行合纵抗秦的策略。公孙衍发动魏、赵、韩、燕、楚五国共同攻秦，推举楚怀王为"合纵长"（跟武林盟主意思差不多）。楚怀王想大展宏图，起用了一批改革图强、主张合纵抗秦的青年政治家，其中包括被任命为"左徒"的屈原。

怀王十五年（公元前314年），张仪由秦至楚，重金收买楚国大臣靳尚、怀王幼子子兰、宠妃郑袖等人，同时以"献地六百里"诱骗怀王，导致齐楚断交。怀王受骗后恼羞成怒，两度出兵秦国均惨败；于是屈原奉命出使齐国重修旧好。

这段期间张仪又一次由秦至楚，进行瓦解"齐楚联盟"的活动，使齐楚联盟未能成功。怀王二十四年（公元前311年），秦楚订立"黄棘之盟"，楚国彻底倒向秦国；主张"联齐抗秦"的屈原则被逐出郢都。

公孙衍，魏国人。秦惠文王五年（公元前333年）在秦国任官"大良造"，后来回到魏国，曾经担任魏国宰相。战国时期"纵横家"的代表人物之一，主张各国合纵抗秦。

左徒：战国时楚国官名，入内参与议论国政，发布号令；出则接待宾客。

汨罗江畔屈子祠

张仪，魏国大梁（今河南开封）人，魏国贵族后裔，战国时期著名的外交家和谋略家，中国纵横家的鼻祖。据说张仪曾与苏秦一起师从鬼谷子，学习权谋纵横之术，饱读诗书，满腹韬略。张仪两次担任秦国宰相，前后共11年，主张连横，也就是诱劝各国分别与秦国结交，以打破合纵抗秦的局面。张仪也曾两次担任魏国宰相，第一次4年，第二次一年多就死于任上，死后葬开封市东郊。

秦昭襄王的母亲是楚国芈姓王族后裔，人称"芈八子"，昭襄王继位后尊为宣太后。在她的促成下，楚怀王二十四年，秦、楚两国王族互通婚姻，秦迎妇于楚，楚迎妇于秦，结为昆弟之国。次年，怀王与昭襄王在楚国黄棘会晤，签订"黄棘之盟"。

楚怀王三十年（公元前299年），屈原回到郢都。同年，秦王约怀王在武关相会，屈原力劝不可，然而怀王的幼子子兰等人却极劝说怀王入秦，怀王不听屈原等人的劝告，结果会盟之日即就被秦国软禁，3年后客死秦国。

怀王被秦国软禁之后后，楚顷襄王接位，子兰担任令尹（相当于宰相），楚秦一度绝交。但是顷襄王即位的第七年，竟然又与秦国缔结婚姻以求暂时苟安。由于屈原极力反对，并斥责子兰应该对怀王的屈辱而死负责；于是子兰指使上官大夫在顷襄王面前造谣诋毁屈原，导致屈原再次被流放到沅、湘一带。

顷襄王二十一年（公元前278年），秦国大将白起挥师南下，攻破楚都郢；次年，秦军进一步深入楚境。五月，屈原悲愤交加，投汨罗江自尽。

屈原虽然在政治生涯上屡遭困境，但是在文学创作上却震烁古今。他创立了"楚辞"这种文体，被誉为"衣被词人，非一代也"。

屈原的作品，根据刘向、刘歆父子的校定和王逸的注本，共有25篇，包括《离骚》1篇，《天问》1篇，《九歌》11篇，《九章》9篇，《远游》、《卜居》、《渔父》各1篇。

大体说来，《离骚》、《天问》、《九歌》可以作为屈原作品三种类型的代表，其他作品大致可以归入离骚一类，大都是有事可据，有义可陈，重在表现作者内心的情感。

特别是《离骚》，它是屈原以自己的理想、热情、痛苦甚至生命熔铸而成的宏伟史诗，是屈原全部创作的重中之重。《天问》是屈原根据神话、传说所创作的诗篇，呈现作者的学术造诣、历史观和自然观。《九歌》则是楚国的祭祀乐曲，经过屈原润色，在人物感情抒发和环境描述方面充满生活气息，显示出传统楚文学的痕迹。

屈原作品的风貌和中原地区的《诗经》明显不同风格，这与长江流域和黄河流域的民风不同相关。当时北方早已进入宗法社会，而楚地还留有氏族社会遗风，民风强悍，思想活泼，不拘礼法。所以抒写男女情思、志士爱国，浪漫奔放、题材丰富，人神之恋、狂怪之士、远古传说、天神鬼怪等都可以写入诗歌，而且神都具有人性。这样的作品表现了与北方文学的不同特色。形式上，屈原以前的诗歌，大多是短篇，而屈原发展为长篇巨著（《离骚》一篇就有2400多字）。表现手法上，屈原把赋、比、兴融为一体，抽象的品德、意识和复杂的现实关系，表现得淋漓尽致。

语言则采用大量楚地方言，极富乡土气息；方言土语大都经过精炼，辞藻华丽传神，表现力极为丰富。屈原作品突破了《诗经》四字句格局，每句字数不等，甚至有三字、十字句，句法参差错落，灵活多变；句中、句尾多用"兮"字，以及"之""于""乎""夫""而"等虚字来协调音节，形成起伏跌宕、一唱三叹的韵味；从内容到形式都拥有极强的创造性，后来的"汉赋"、"五言诗"、"七言诗"无不受"楚辞"影响，不愧是中国杰出的浪漫主义诗人。

传说屈原投汨罗江之后，楚国人民极为不舍，汨罗江附近的渔民纷纷驾船试图打捞屈原的尸首，可惜日以继夜打捞终究没有找到。渔民们退而求其次，以竹叶包裹米饭投入江中喂食鱼虾，以防止鱼虾啃食屈原的尸首。此后每到农历五月五日，都要划船到江上投掷竹叶包裹的米饭。久而久之就演变成划龙舟、吃粽子纪念屈原的端午节民俗。

《九歌·国殇》
操吾戈兮披犀甲，车错毂兮短兵接。旌蔽日兮敌若云，矢交坠兮士争先。凌余阵兮躐余行，左骖殪兮右刃伤。霾两轮兮絷四马，援玉枹兮击鸣鼓。天时怼兮威灵怒，严杀尽兮弃原野。出不入兮往不反，平原忽兮路超远。带长剑兮挟秦弓，首身离兮心不惩。诚既勇兮又以武，终刚强兮不可凌。身既死兮神以灵，魂魄毅兮为鬼雄。

楚辭上

離騷

帝高陽之苗裔兮朕皇考曰伯庸攝提貞于孟陬
兮惟庚寅吾以降皇覽揆余于初度兮肇錫余以
嘉名名余曰正則兮字余曰靈均紛吾既有此內
美兮又重之以修能扈江離與辟芷兮紉秋蘭以
為佩汩余若將弗及兮恐年歲之不吾與朝搴阰
之木蘭兮夕攬中洲之宿莽日月忽其不淹兮春
與秋其代序惟草木之零落兮恐美人之遲暮不

《离骚》是屈原最著名的作品

琴台就在汉阳龟山脚下

知音难求——俞伯牙与钟子期

传说春秋战国时期，楚国有位善于抚琴的大臣俞伯牙。有一次伯牙受楚王派遣出使，乘船沿江而下，途经汉阳时突然遇狂风暴雨，于是就停船在龟山脚下暂避风浪。不久雨过天晴，附近景色清新，令人心旷神怡，伯牙一时兴起，便抚琴咏志。不料琴弦竟然断了，伯牙知道有人偷偷在一旁聆听，便请这个人出来相见，这个人就是樵夫钟子期。伯牙换了弦、调好琴，沉思片刻，再抚一首，钟子期称赞道："美哉！巍巍乎志在高山。"伯牙又抚一首，子期又称赞："美哉！荡荡乎意在流水。"伯牙喜遇知音，便与钟子期结为挚友，约好来年再会。

第二年，伯牙依约来到同一地点等待子期，不料子期不幸病故。伯牙悲痛万分，在子期墓前抚琴演奏一曲"高山流水"。一曲奏毕，伯牙悲痛万分，便扯断琴弦，摔碎琴身，此后永不抚琴。

这个让世世代代文人雅士心向往之的"伯牙碎琴谢知音"故事，就发生在今天汉阳的"古琴台"。"古琴台"又名"伯牙台"，位于汉阳龟山西麓，是武汉文化内涵丰富的著名音乐文化古迹，也是湖北省武汉市重点文物保护单位之一。

1. 琴台边俞伯牙、钟子期的塑像
2. 马王堆汉墓出土的七弦古琴，现存最完整的汉代七弦琴
3. 传说中伯牙抚琴的琴台，也称为伯牙台

据史书记载，欧阳询形貌丑陋，书法却名满天下，人们争着想得到他亲笔书写的文字，一旦得到就视作珍宝，作为自己习字的模板。据说唐武德（公元618~624年）年间，高丽国曾经派特使来长安求取欧阳询的书法。唐高祖李渊感叹道："没想到欧阳询名声大到连远方的夷狄都知道。他们看到欧阳询的笔迹，一定以为他是位形貌魁梧的人物吧。"

欧阳询（公元557~641年），唐代潭州临湘（今湖南长沙）人，字信本，与颜真卿、柳公权、赵孟俯并称"楷书四大家"。

隋朝时，欧阳询曾官至太常博士。因为他与李渊交情颇深，因此唐朝建国之后他曾经担任银青光禄大夫、给事中、太子率更令、弘文馆学士，封渤海县男，因此也被称为"欧阳率更"。欧阳询的书法最初模仿王羲之，后来另辟蹊径自成一家。尤其他的正楷，骨气劲峭、法度严整，被后代书法家奉为圭臬。

欧阳询的楷书法度严谨，笔力险峻无人能及，被称为唐人楷书第一。他与虞世南都以书法驰名初唐，两人并称"欧虞"，因为他的书法于平正中见险绝，最适合初学者临摹，号为"欧体"。

欧阳询聪敏勤学，少年时就博览古今，精通《史记》、《汉书》和《东观汉记》，尤其酷爱书法成痴。据说有一次欧阳询骑马外出，偶然在路旁看到晋代书法家索靖所写的石碑。他骑在马上仔细观看了一阵才离开，没走几步忍不住回头下马观赏，实在舍不得离去，干脆铺上毡子坐下来反复揣摩，最后竟然在石碑前待了3天。

欧阳询不仅是大书法家，而且是著名的书法理论家。他总结出书法的八个要诀："如高峰之坠石，如长空之新月，如千里之阵云，如万岁之枯藤，如劲松倒折，落挂石崖，如万钧之弩发，如利剑断犀角，如一波之过笔"。

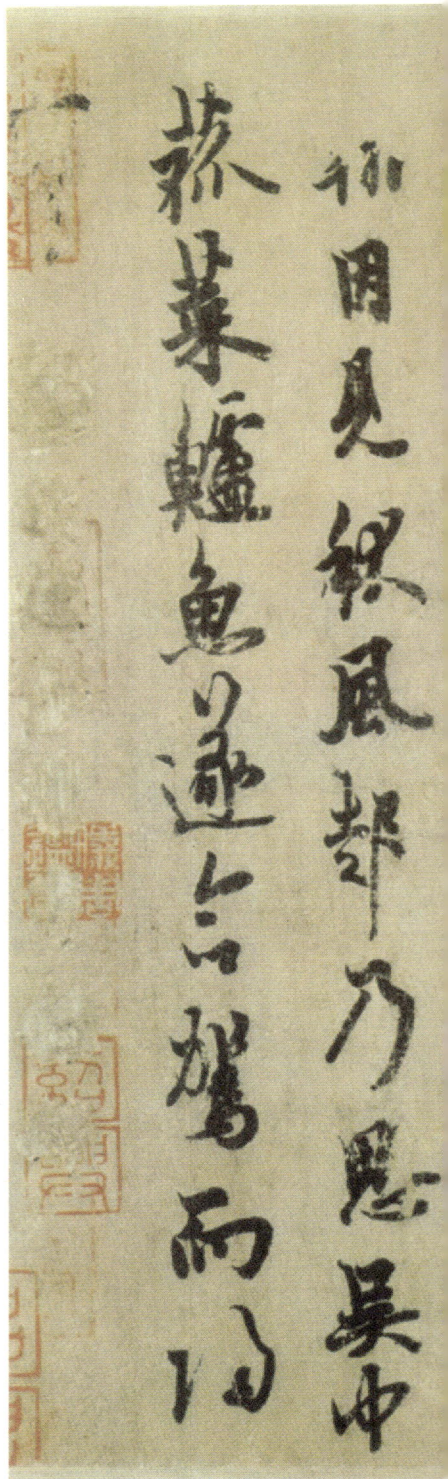

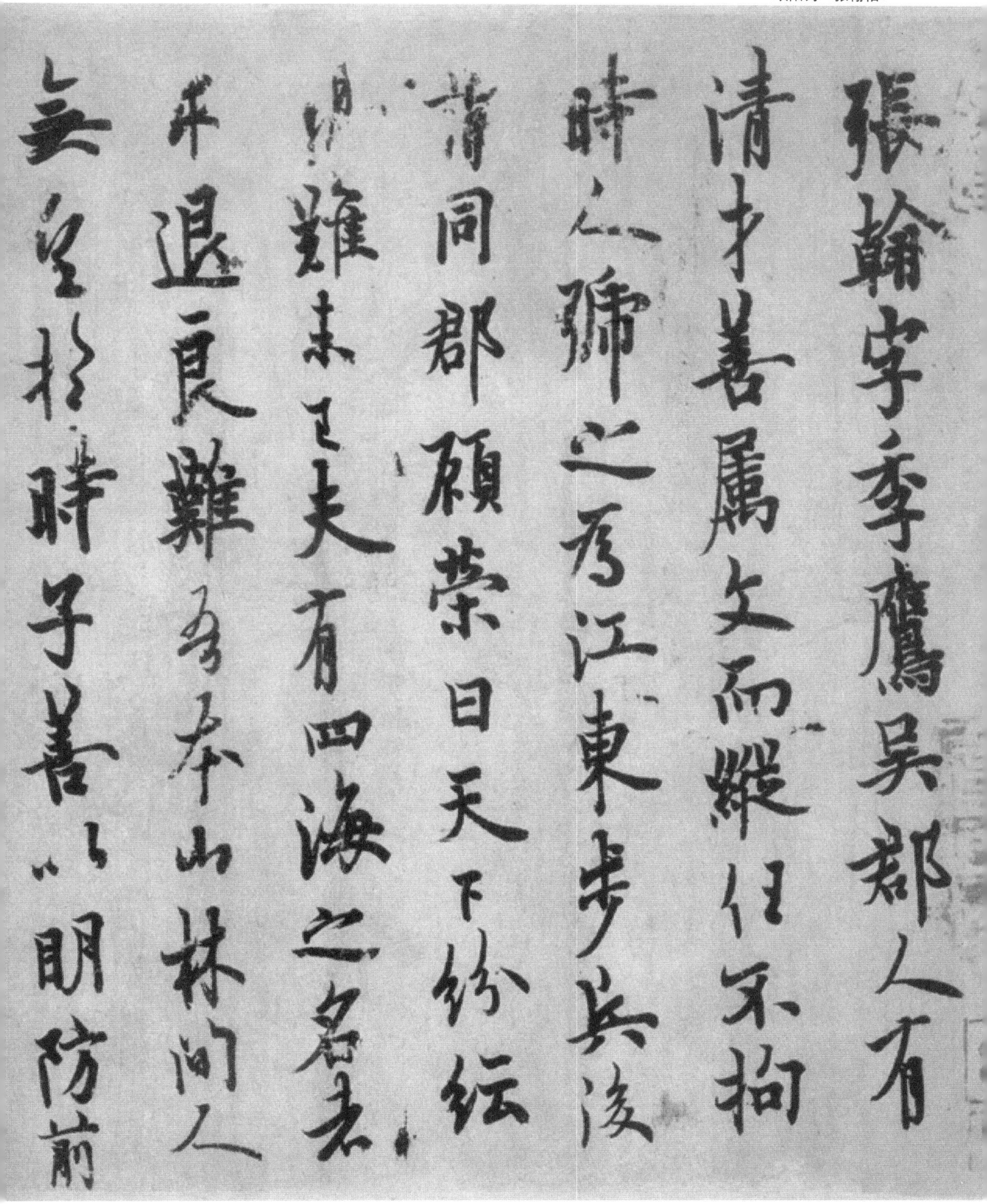

張翰字季鷹吳郡人有
清才善屬文而縱任不拘
時人號之為江東步兵後
薈同郡顧榮曰天下紛紜
難未已夫有四海之名者
求退良難吾本山林間人
無望於時子善以明防前

隨形忘不差

何勘念善慈報應如散

還所受痛妻子釀何

一而不死飛歸丘墓神

浮住老未有生而不老

盡鈞民算滅無有

欧阳询所著的《传授诀》、《用笔论》、《八诀》、《三十六法》等都是他自己学习书法的经验，阐述用笔、结体、章法等书法技巧和美学观念，是中国书法理论的珍贵遗产。

宋朝《宣和书谱》赞美欧阳询的楷书为"翰墨之冠"。他的传世墨迹有《卜商帖》、《张翰帖》等，碑刻有《九成宫醴泉铭》、《皇甫诞碑》等，都是书法艺术的瑰宝。

楷书也叫正楷、真书、正书。《辞海》中解释它"形体方正，笔划平直，可作楷模。故名楷书。"它出现于汉朝末年，极盛于唐朝，一直通行到现代。

楷书出现之前，中国书法已有大篆、小篆和隶书三种书体。大篆是相对小篆而言的，现在一般把小篆以前的古文字统称为大篆，包括甲骨文、金文和战国时期除秦国之外的六国文字。小篆是秦统一中国之后通行的文字，它以秦国文字为基础、参考诸国文字，为便于书写而删繁就简、统一规范，是中国书法史上最早的规范化书体。

隶书是继小篆之后的另一个代表性书体，它以小篆为基础，走向符号化，并改变了汉字的书写方式和审美观点。楷书则紧扣汉隶的规矩法度，追求形态的美观，将隶书中的"波"、"磔"笔法改为"撇"、"捺"，且出现了"侧"、"掠"、"啄"、"提"等笔画，使得汉字的结构更趋严整。

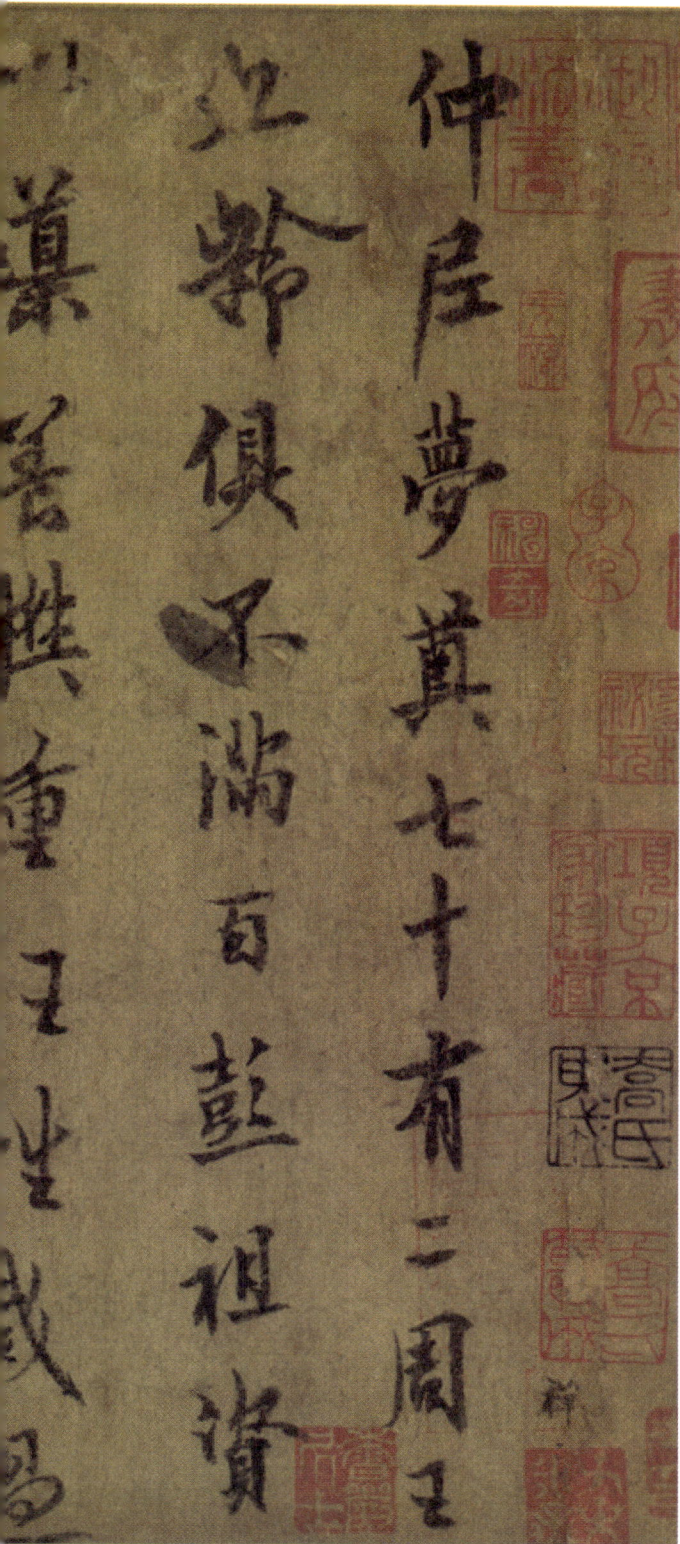

欧阳询《梦奠帖》

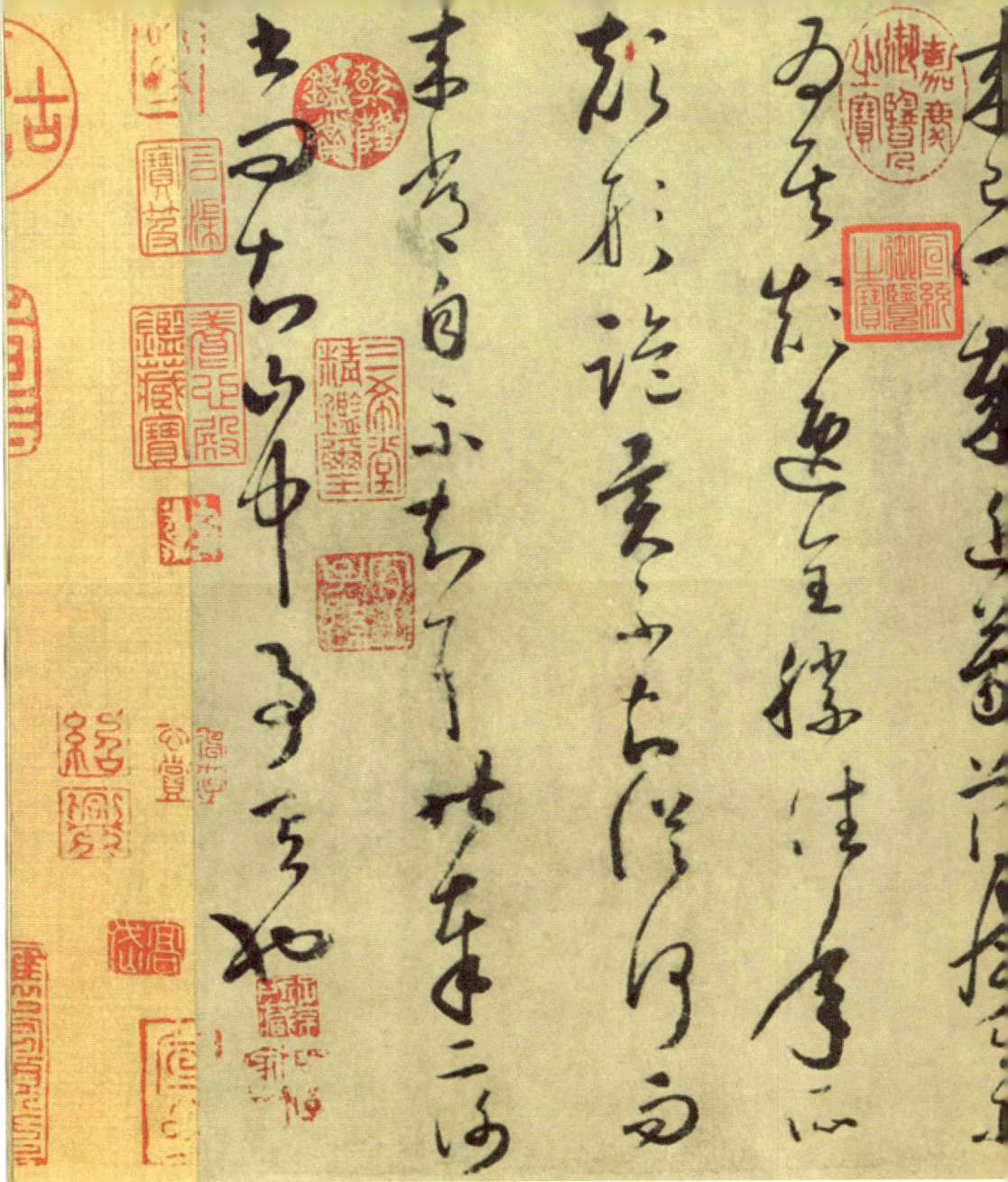

怀素《论书帖》

芭蕉练字——怀素

怀素是个和尚，也是书法史上的草书大家，他的草书称为"狂草"、圆劲有力、奔放流畅、一气呵成，与唐代另一位草书大家张旭齐名，人称"颠张醉素"。

怀素（公元725~785年），唐朝永州零陵

（湖南零陵）人，俗姓钱，字藏真，僧名怀素。他在《自叙帖》里说："怀素家长沙，幼而事佛，经禅文暇，颇喜笔翰。"传说他因为买不起纸张，就找来一块木板和圆盘，涂上白漆后书写，写完洗掉再重写。后来，觉得漆面太光滑不易着墨，就在寺院附近的荒地，大量

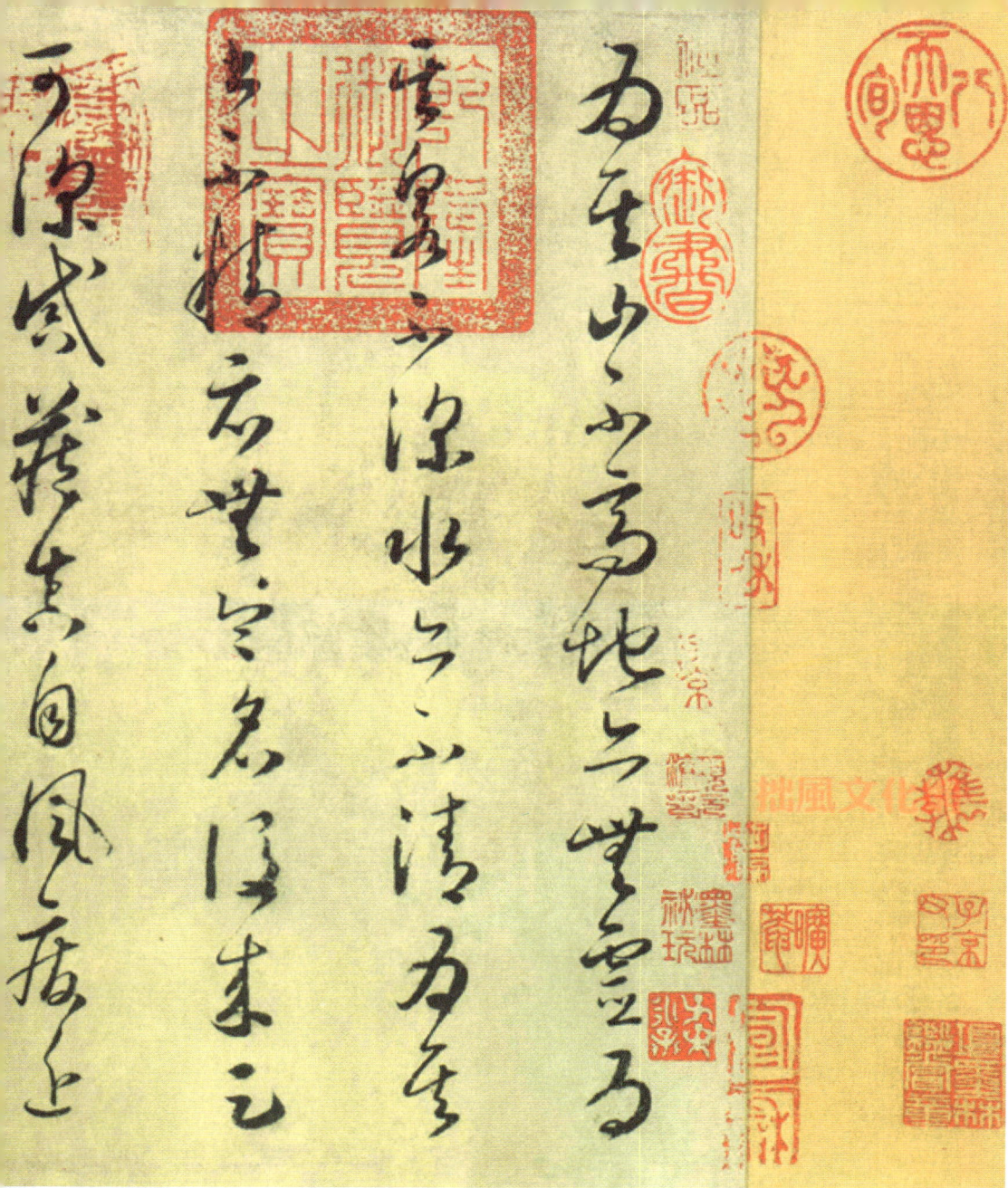

种植芭蕉树，他摘下芭蕉叶，铺在桌上练字。由于怀素夜以继日地练字，大芭蕉叶剥光了，小叶舍不得摘，干脆不摘了，带着笔墨站在芭蕉树前，写在叶子上。即使夏天汗如雨下，冬天寒风刺骨，他还是坚持不懈地练字，终于成就了他惊人的草书艺术。

怀素不仅能书，也能诗，与李白、杜甫等大诗人都有交往。怀素的草书与"草圣"张旭齐名，喝酒挥洒的气势也不相上下。他喜欢喝酒，喝到兴起，不分墙壁、衣物、器皿，随意挥洒，别人都称他为"醉僧"。

怀素虽然是和尚，却性情疏放，热爱草书，无心修禅，也饮酒吃肉，爱结交名士，与李白、颜真卿等都有往来。他的草书声望在长安如日中天，长安城里的王公名流也都喜欢结交这个狂僧。

"少年上人号怀素，草书天下称独步。墨池飞出北溟鱼，笔锋杀尽中山兔。八月九月天气凉，酒徒词客满高堂。笺麻素绢排数厢，宣州石砚墨色光。吾师醉后倚绳床，须臾扫尽数千张。飘风骤雨惊飒飒，落花飞雪何茫茫。起来向壁不停手，一行数字大如斗。怳怳如闻神鬼惊，时时只见龙蛇走。左盘右蹙如惊电，状同楚汉相攻战。湖南七郡凡几家，家家屏障书题遍。王逸少，张伯英，古来几许浪得名。张颠老死不足数，我师此义不师古。古来万事贵天生，何必要公孙大娘浑脱舞。" 李白的《草书歌行》所描写的正是这位草书醉僧。

而任华的《怀素上人草书歌》更把怀素挥毫时的情景描写得栩栩如生："吾尝好奇，古来草圣无不知。岂不知右军与献之，虽有壮丽之骨，恨无狂逸之姿。中间张长史，独放荡而不羁，以颠为名倾荡于当时。张老颠，殊不颠于怀素。怀素颠，乃是颠。人谓尔从江南来，我谓尔从天上来。负颠狂之墨妙，有墨狂之逸才。狂僧前日动京华，朝骑王公大人马，暮宿王公大人家。谁不造素屏？谁不涂粉壁？粉壁摇晴光，素屏凝晓霜，待君挥洒兮不可弥忘。骏马迎来坐堂中，金盆盛酒竹叶香。十杯五杯不解意，百杯已后始颠狂。一颠一狂多意气，大叫一声起攘臂。挥毫倏忽千万字，有时一字两字长丈二。翕若长鲸泼剌动海岛，欻若长蛇戎律透深草。回环缭绕相拘连，千变万化在眼前。飘风骤雨相击射，速禄飒拉动檐隙。掷华山巨石以为点，掣衡山阵云以为画。兴不

尽，势转雄，恐天低而地窄，更有何处最可怜，裹裹枯藤万丈悬。万丈悬，拂秋水，映秋天；或如丝，或如发，风吹欲绝又不绝。锋芒利如欧冶剑，劲直浑是并州铁。时复枯燥何襂褷，忽觉阴山突兀横翠微。中有枯松错落一万丈，倒挂绝壁蹙枯枝。千魑魅兮万魍魉，欲出不可何闪尸。又如翰海日暮愁阴浓，忽然跃出千黑龙。夭矫偃蹇，入乎苍穹。飞沙走石满穷塞，万里飕飕西北风。狂僧有绝艺，非数仞高墙不足以逞其笔势。或逢花笺与绢素，凝神执笔守恒度。别来筋骨多情趣，霏霏微微点长露。三秋月照丹凤楼，二月花开上林树。终恐绊骐骥之足，不得展千里之步。狂僧狂僧，尔虽有绝艺，犹当假良媒。不因礼部张公将尔来，如何得声名一旦喧九垓。"其他描写、歌颂怀素草书的诗词有三十多篇。

怀素擅长中锋笔任气势作大草，虽然书写极快，但通篇飞草极少失误。他的狂草虽然率性狂逸，千变万化，却始终不离魏晋法度，有"壮士拔剑，神彩动人，回旋进退，莫不中节"（《海岳书评》），"援毫掣电，随手万变"（《读书评》）的极高评价。

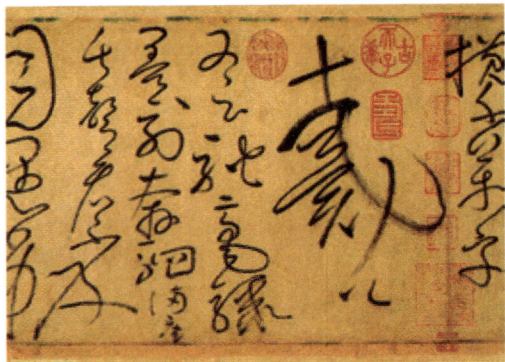

怀素《自叙帖》局部

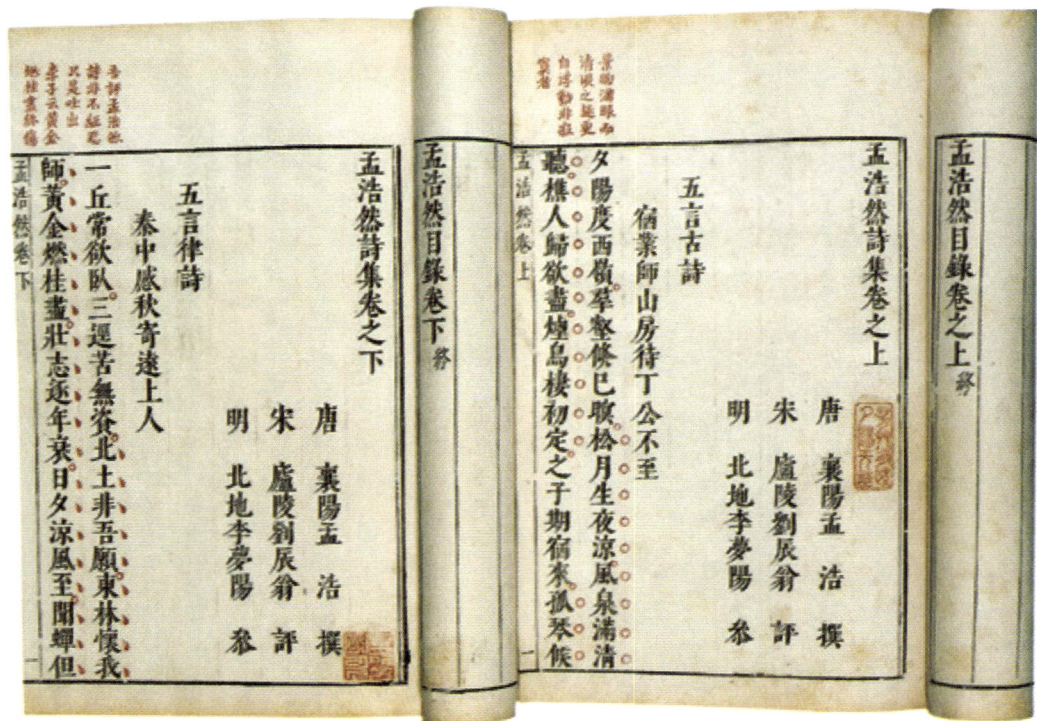

明刻本《孟浩然诗集》

风流天下闻——孟浩然

"春眠不觉晓，处处闻啼鸟。夜来风雨声，花落知多少。"孟浩然的这一首《春晓》，没听过的人大概不多。

孟浩然出生于唐武后永昌元年（公元689年），前半生在家乡侍亲读书，以诗自适，曾经在鹿门山隐居。40岁时才前往京师，没考中进士又回到襄阳老家，世称"孟襄阳"。

孟浩然虽然没有考上进士，但他曾在太学赋诗，满座叹服，名动公卿。他和王维交情很深，传说王维曾经私下带他进入皇宫，恰巧遇上唐玄宗，孟浩然大惊，躲到床下；王维不敢隐瞒，据实秉奏，玄宗叫孟浩然出来，要他吟诵自己的诗作，当唐玄宗听到

"不才明主弃"这一句，不高兴地说："是你不求作官，我可没有弃你，怎么能怪我呢！"最终要他回襄阳老家。

开元二十二年（公元734年），韩朝宗出任襄州刺史，约好了带孟浩然一起进长安，为他谋求名声；但孟浩然当天竟然喝得酩酊大醉，韩朝宗实在等不下去，于是独自进京。开元二十五年（公元737年），张九龄出任荆州长史，礼聘孟浩然，但不久之后孟浩然还是返回故乡。

开元二十八年（公元740年），王昌龄游历襄阳，拜访孟浩然，相谈甚欢。当时孟浩然背上长了毒疮，已经快要治愈，却因纵情

宴饮，吃到不该吃的食物毒疮发作逝世。

其实从作品的风格与心境来看，孟浩然比较像一位隐士，并不在意功名利禄。孟浩然的诗绝大部分是五言诗，不加雕饰，清淡简朴，感受真实，淡而有味。题材则大多描写山水田园和隐逸、行旅。虽然也有一部分愤世嫉俗之作，但更多是诗人的自我表现。

他和王维并称"王孟"，虽然境界不如王维开阔，但是在艺术上还是有他的独到之处，而且继陶渊明、谢灵运之后，开盛唐田园诗派先声。李白有一首《赠孟浩然》："吾爱孟夫子，风流天下闻，红颜弃轩冕，白首卧松云。醉月频中圣，迷花不事君，高山安可仰，徒此揖清芳。"大概最贴进孟浩然的心境。

或许说，孟浩然徘徊于求官与归隐的矛盾之间，直到碰了钉子，才下定决心隐居林下，但他仍然与当时的高官显官如张九龄、韩朝宗等人交往，并且和王维、李白、王昌龄也时有酬唱。

李白称赞他"高山安可仰，徒此揖清芬"，杜甫评价他的作品"清诗句句尽堪传"，可见他在当时已经享有盛名。他死后不到10年，诗集就已经两次编定，并送"秘府"保存。

山水景物是南朝诗歌重要的题材，到孟浩然时，山水诗又提升到新的境界，诗中情和景的关系，不仅彼此衬托，而且常常如水乳交融；由于剔除了不必要、不谐调的部分，诗的意境更明净，结构也更完美。

"秘府"：古代皇宫里收藏图书秘记的藏书库。《汉书·艺文志》："于是建藏书之策，置写书之官，下及诸子传说，皆充秘府。"

孟浩然是唐代第一个全力创作山水诗的诗人。孟浩然的诗描写田园风光、农家生活，读来朴质感人。他与王维都是盛唐时期的田园山水诗的代表人物。

《过故人庄》

故人具鸡黍，邀我至田家。绿树村边合，青山郭外斜。

开轩面场圃，把酒话桑麻。待到重阳日，还来就菊花。

《留别王维》

寂寂竟何待？朝朝空自归。欲寻芳草去，惜与故人违。

当路谁相假？知音世所稀。只应守寂寞，还掩故园扉。

《临洞庭》

八月湖水平，涵虚混太清。气蒸云梦泽，波撼岳阳城。

欲济无舟楫，端居耻圣明。坐观垂钓者，徒有羡鱼情。

《夜归鹿门山歌》

山寺钟鸣昼已昏，渔梁渡头争渡喧。
人随沙路向江村，余亦乘舟归鹿门。
鹿门月照开烟树，忽到庞公栖隐处。
岩扉松径长寂寥，惟有幽人自来去。

集古成家——米芾

米芾（1051~1107年），字符章，号襄阳漫士、海岳外史、鹿门居士。他个性怪异，举止颠狂，人称"米颠"。徽宗诏为书画学博士，人称"米南宫"。米芾能诗能文，擅书画，精鉴别，书画自成一家。

米芾是个怪才，书法史上他与苏轼、黄庭坚、蔡襄并称"宋四大家"。苏轼称赞他"海岳平生篆、隶、真、行、草书，风樯阵马，沉着痛快，当与钟王并行。非但不愧而已。"黄庭坚在《山谷题跋》中也赞赏"米元章书如快剑斫阵，强弩射千里，书家笔势亦穷于此"。

除了书法，米芾的画也相当出名。他自创的"米家云山"善于以"模糊"笔墨描绘云雾迷漫的江南景色，再以大小错落的浓墨、焦墨、横点、点簇来再现层层山头，世称"米点"。后世许多画家争相仿效（米芾没有画作传世，幸而他的儿子米友仁，留世作品较多，使这种画风得以延续），使"文人画"风格一变，为书画史所称道。

米芾爱石，爱砚成痴，诗词书画无一不精，并且"精于鉴裁"，"工临移，至乱真不可辨"。他既是文物鉴赏专家、收藏家，也是赝品制作高手。由于他涉猎甚广，而且见多识广，鉴定精良，他的作品《宝章待访录》、《书史》、《画史》、《砚史》、《海岳题跋》等遂成为后人研究画史的必备用书。《宝章待访录》成书于元佑元年（1086年），分为"目睹"、"的闻"两大部分，收录84件晋唐作品，开后世著录先河；《书史》则更为详实，是后世鉴定家的重要依据之一。

米芾平生对于书法用功最深，成就以行书最大。虽然画作不传于世，但书法作品却有较多留存。在"宋四大家"中，首屈一指。米芾称自己学习书法的过程是"集古字"，虽有人以为笑柄，但是他确实对古代大师的用笔、章法及气韵都有深刻领悟，同时也说明米芾在传统书法上很下了一番功夫。所以也有人赞美他是"天姿辕轹未须夸，集古终能自立家"。

据说宋徽宗皇帝曾召米芾前来，要他草书御屏，实际上徽宗是想看看米芾的笔法，因为宋徽宗自己是个大书法家，他创造的"瘦金体"也是很有名的。米芾笔走龙蛇，从上而下其直如线，宋徽宗觉得果然名不虚传，大加赞赏。米芾看皇帝高兴，顺手就把徽宗心爱的砚台装入怀中，墨汁四溅，而米芾不以为意，并且跟皇帝说："此砚臣已用过，皇上不能再用，请您就赐给我吧。"皇帝看他如此喜爱此砚，又爱惜其书法，不觉大笑，将砚赐给他。

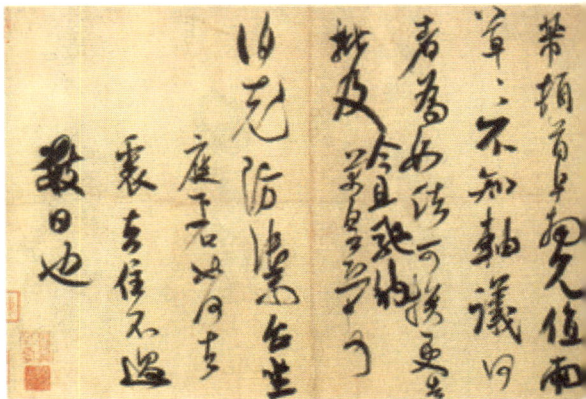

米芾《值雨帖》

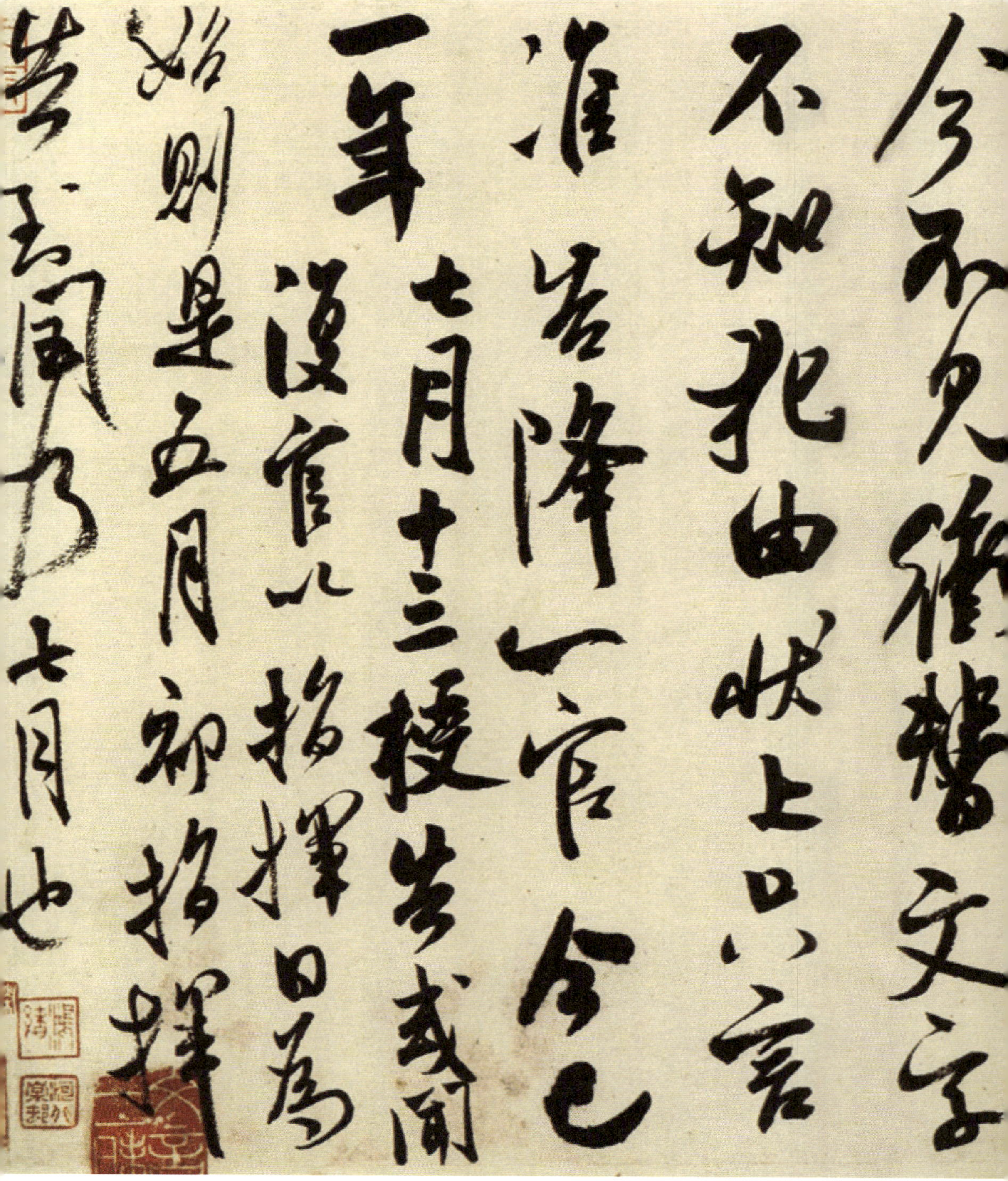

今不負徽撎文字

不知兆由狀上只言

淮告隆小官金色

一年七月十三棱告武闍

一年没信以拷揮日為

始則是五月部拷揮

岢玉闍乃七月也

一年復官不是
自中明竊遷日自捨
韓告東八芳須
自明說作一咏子
告圖与乃句帶奄

元公破暗——周敦颐

中国哲学之中，"宋明理学"具有相当的重要性。宋明理学以孔孟之道的儒家学说为主，吸收了部分道家、佛家思想，逐渐成为主流哲学思想。而周敦颐就是北宋理学的创始人。《宋元学案》评价周敦颐说："若论阐发心性义理之精微，端数元公破暗之功也。"（"元"是周敦颐的谥号）

周敦颐（1017～1073年），字茂叔，号濂溪，宋营道楼田堡（今湖南道县）人，是学术界公认的"理学"开山鼻祖。《宋史·道学传》记载："两汉而下，儒学几至大坏。千有余载，至宋中叶，周敦颐出于舂陵，乃得圣贤不传之学，作《太极图说》、《通书》，推明阴阳五行之理，明于天而性于人者，了若指掌。"

周敦颐的父亲周辅成曾经是宋朝的县令，周敦颐14岁的时候，父亲病逝。3年后，他与同母异父的兄长卢敦文随母前往衡阳投靠舅舅龙图阁大学士郑向，因为他聪慧仁孝，深得郑向喜爱。在周敦颐20岁时，舅舅向皇帝保奏，为他谋到了一个主簿的职位。周敦颐在任职期间尽心竭力，深得民心，同时大量阅读经典，从先秦诸子百家，到汉代传入中国的印度佛家思想，他都有所涉猎，并潜心钻研《周易》，终于完成了他的成名著作《太极图说》。

他继承《易传》和部分道家思想，提出简单而有系统的"宇宙论"，认为"无极而太极"，太极一动一静，产生阴阳万物。"万物生而变化无穷焉，惟人也得其秀而最灵。"圣人则模仿"太极"来建立"人极"。"人极"就是"诚"，"诚"是"纯粹至善"的"五常之本，百行之源也"，是道德的最高境界。只有通过"主静、无欲"，才能达到这个境界。他的思想对此后700多年的学术思想具有广泛影响。他所提出的哲学范畴：无极、太极、阴阳、五行、动静、性命、善恶等，都成为后来"理学"研究的课题。

周敦颐生前并不为人们所推崇，学术地位也不高。南安通判程太中却慧眼独具，将两个儿子——程颢、程颐送到他门下，后来两兄弟都成为著名的理学大家，在洛阳讲学，开创了理学之中的"洛学"一系（周敦颐本身则因为号"濂溪"所以被称为"濂学"）。

周敦颐死后，随着程颢、程颐对他的哲学思想的继承发扬，名声逐渐显赫。南宋学者对周敦颐的理论相当推崇，朱熹对他评价更高，为《太极图·易说》、《易通》作了注解。张栻则尊周敦颐为"道学宗主"，九

"太极"在周敦颐的哲学思想中占有非常重要的位置

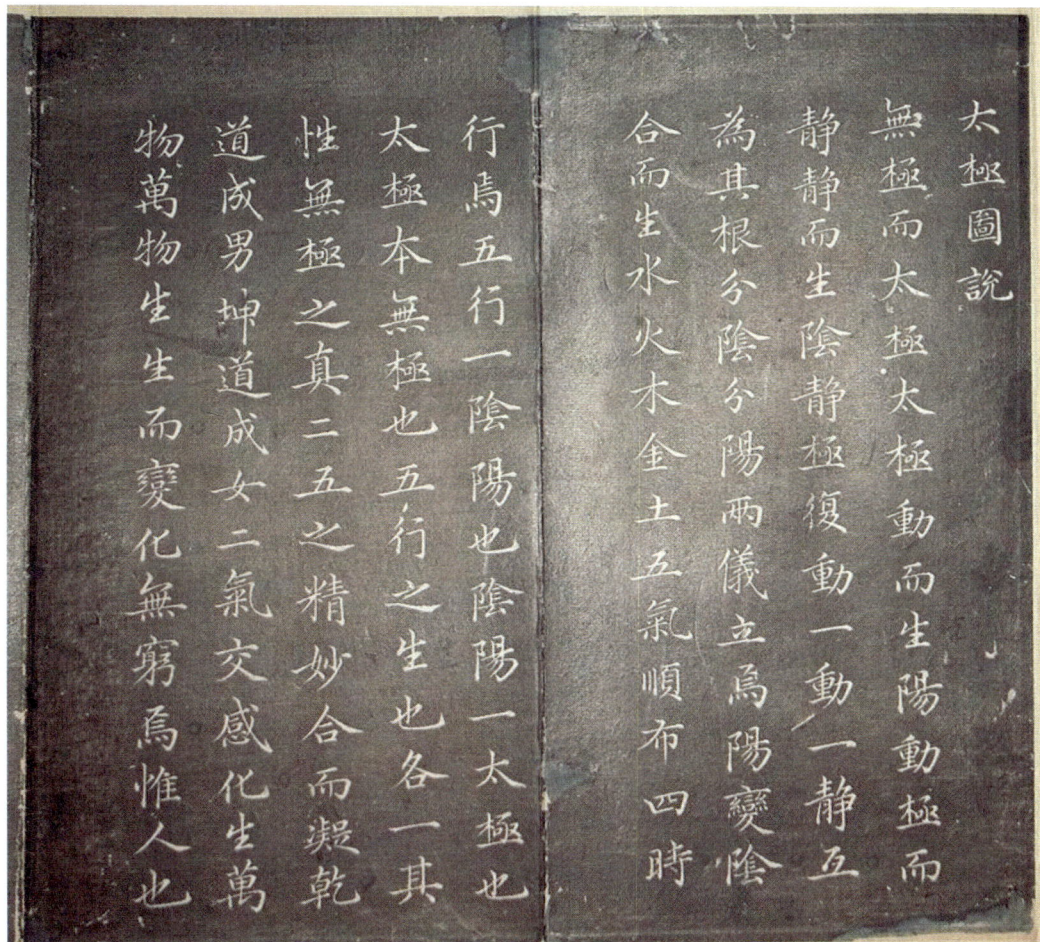

清朝拓本《太极图说》

江、道州、南安等地纷纷建濂溪祠纪念他，宋宁宗更赐敦颐谥号为"元"，到宋理宗时，周敦颐从祀孔子，入祀孔庙，确定了理学开山宗主的地位。

周敦颐性情朴实，自述道："芋蔬可卒岁，绢布是衣食，饱暖大富贵，康宁无价金，吾乐盖易足，廉名朝暮箴。"周敦颐酷爱端庄、清洁的莲花，任职南康军时，曾经在府署东边挖池种莲，名为《爱莲池》，常常漫步池畔欣赏飘逸的莲花，并作《爱莲说》一篇；这可能是他最广为人知的作品。

《爱莲说》　周敦颐

水陆草木之花，可爱者甚蕃。晋陶渊明独爱菊；自李唐来，世人盛爱牡丹；予独爱莲之出淤泥而不染，濯清涟而不妖，中通外直，不蔓不枝，香远益清，亭亭静植，可远观而不可亵玩焉。予谓菊，花之隐逸者也；牡丹，花之富贵者也；莲，花之君子者也。噫！菊之爱，陶后鲜有闻；莲之爱，同予者何人；牡丹之爱，宜乎众矣。

虎是湘绣常见的主题

蔡侯纸——蔡伦

举世闻名的中国四大发明中，造纸术对后代的影响极为深远，促进了文化的传播和交流，深刻影响世界历史的发展。

造纸术的出现其实比蔡伦更早，但是当时工艺粗糙。蔡伦归纳西汉以来的造纸经验，改进造纸技术，利用树皮、碎麻布、渔网等原料精制出优质纸张，于元兴元年（公元105年）奏报朝廷，受到汉和帝赞赏，造纸术也因此而得到推广。因为他被封为"龙廷侯"，所以他所监制的纸被称为"蔡侯纸"。

汉章帝（公元56～88年）时，经常到各郡县挑选幼童入宫。永平十八年（公元75年），桂阳郡（今湖南郴州）的蔡伦被选入洛阳宫内为太监，当时他大约15岁。因为他读书识字、成绩优异，建初元年（公元76年）任小黄门，此后担任"黄门侍郎"，掌管宫内外公事传达及引导诸王朝见、安排就座等事。

当时正宫窦皇后无子，指使蔡伦诬陷宋贵妃"挟邪媚道"，令她自杀。宋贵人所生的太子刘庆则被贬为清河王。窦皇后又指使人投"飞书"（匿名信）诬陷梁贵妃，强夺其子刘肇为养子，并立其为太子。章帝过世后年仅10岁的刘肇登基，是为汉和帝，由窦太后听政。蔡伦因功被提拔为"中常侍"，随侍和帝左右，参与国家大事，秩俸二千石，地位等同九卿。

永平九年（公元97年），窦太后过世，和帝亲政。永元十四年（公元102年），和帝立邓绥为皇后，蔡伦立刻投靠邓皇后。邓皇后喜欢舞文弄墨，蔡伦投其所好，自愿降级兼任"尚方令"，主管宫内御用器物和宫廷御用手工作坊。

尚方令是"少府"的属官，主管各种宫廷御用器具的制造，与中常侍根本不相称，但蔡伦尽力讨好，凡是帝、后喜欢的器物，都在尚方精制。邓后喜欢文史和纸墨，曾令各州郡岁贡纸墨。由于职务需要，蔡伦有观察、接触生产技术的机会。每有空闲，他就闭门谢客，亲自到作坊了解技术，学习并归纳工匠们多年积累的经验，再加上他自己的创新，对当时的金属冶炼、铸造、锻造及机械制造工艺提出不少改进方法。

少府：官名，始于战国时。秦汉仍然沿用，位列为九卿。执掌山海地泽税收入和皇室手工业制造，是皇帝的私府。

蔡伦曾经出现在中国邮票上

不过，蔡伦最杰出的贡献还是造纸，他开创并推广高级麻纸的生产和精致化，促进造纸术的发展，并且促进皮纸的生产。同时因为奉邓太后之命监典内廷所藏经传的校订和抄写，而形成了大规模的用纸需求，使纸本成为传播文化的最佳载体。

同一年，和帝过世，邓皇后所生才满百日的婴儿即位，不到两年又过世。邓太后再立13岁的皇侄刘祜即位，也就是汉安帝。刘祜是清河王刘庆之子，但他即位初期仍然是邓太后把持朝政，蔡伦继续受到重用，被封为"龙亭侯"，从此进入贵族行列。

元初五至六年（公元118～119年）蔡伦又被擢升为"长乐太仆"，成为邓太后的首席近侍官，权倾一时。但是建光元年（公元121年）邓太后过世，汉安帝亲政。蔡伦因为当初受窦太后指使参与迫害安帝祖母宋贵妃、剥夺安帝父亲刘庆的皇位继承权而被审讯查办。蔡伦自知死罪难免，于是自尽。

自从蔡伦整理改良纸张生产技术之后，到魏晋南北朝时期，纸张已经广泛流传，普遍为人们所使用，造纸术进一步提高。造纸原料也更样化，纸张名目繁多，如竹帘纸、藤纸、鱼卵纸等。不到几百年时间，中国人就向亚洲其他地区出口纸张。但是造纸技术则严格保密。到了公元751年前后，有些中国造纸工人被阿拉伯人俘虏，不久撒马尔罕和巴格达都出现了纸坊。造纸技术逐渐传遍整个阿拉伯世界。12世纪时欧洲人从阿拉伯人那里学到造纸技术，纸的使用逐渐广泛。古腾堡发明现代印刷术之后，纸张取代羊皮纸，成为西方主要的书写材料。

今天的手工纸制造工艺大致跟蔡伦时期差不多

胶泥活字版是铅字排版的元祖

活字印刷——毕升

四大发明中的另一个重点"活字印刷术"也与湘鄂有关。

关于毕升的生平事迹，以及他发明活字版的经过，仅见于沈括的《梦溪笔谈》。

毕升究竟籍贯何处，并不确定，一说歙州（今安徽歙县），一说杭州。但是1990年在湖北英山发现了毕升墓碑，因此也有人认为他是湖北英山人。

根据记载，毕升初为有可能是印刷铺工人，从事雕版印刷。他深知雕版印刷的艰难，认真搜集归纳前人经验，而发明了活字印刷术。

沈括在《梦溪笔谈》中记载，毕升发明的"胶泥活字"，是中国印刷术发展中的根本改革。在此之前，只有摹印、拓印和雕板印刷，既笨重又耗时，而且存放不便，错字不易更正。

毕升发明的活字印刷方法，先用胶泥做成一个个规格统一的单字，用火烧硬，成为"胶泥活字"，然后把它们分类放置，常用字备用几个或几十个，以备排版所之需。排

胶泥活字

版时，用一个带框的铁板作底托，上面敷一层松脂、蜡和纸灰混合的黏着剂，然后把需要的胶泥活字一个个排进框内，排满再用火烤。等黏着剂稍微熔化，用一块平板把字面压平，黏着剂冷却凝固之后，就成为印版。印刷时，只要在印版上刷上墨，敷上纸，加压就行了。印完之后，再用火把黏着剂烤化，胶泥活字就可以从铁板上取下来，下次可以再用。这个方法灵活，方便，是印刷史上的重大发明。毕升的活字版印刷，比欧洲古腾堡（Johannes Gensfleisch zur Laden zum Gutenberg）发明的活字印刷，早了大约400年。

沈括（1031～1095年），字存中，号梦溪丈人，北宋学者，晚年在镇江"梦溪园"撰写了记录自己所见所闻的笔记体巨著《梦溪笔谈》，是一位博学多才、成就显著的科学家。

茶圣——陆羽

以《茶经》闻名于世的陆羽是唐朝复州竟陵（今湖北天门市）人；姓陆，名羽，字鸿渐，号竟陵子、桑苎翁、东冈子，又号"茶山御史"；一生嗜茶，精于茶道，被称为"茶仙"、尊为"茶圣"、祀为"茶神"。

根据《新唐书·陆羽传》的记载，陆羽是个孤儿或是弃婴，传说由和尚在诸水之滨捡到，于是带回寺里抚养，陆羽长大之后，以易传为自己占了一卦，得到"渐"卦。爻辞中有"鸿渐于陆，其羽可用为仪。吉。"的句子，所以他以陆为姓，羽为名，字鸿渐。

陆羽虽然生长在寺院，却不愿皈依，师傅要他抄经，他却反问师傅"终鲜兄弟，而绝后嗣，得为孝乎？"师傅不悦，用繁重的"贱务"磨炼他，要他悔悟，于是陆羽被派去"扫寺地、结僧厕、践泥污墙、负瓦施屋、牧牛一百二十蹄"。但是陆羽并不因此屈服，反而更加叛逆。没有纸，他就在牛背上以竹子学写字，偶而得到张衡的《南都赋》，虽然不识字，却端坐展卷，口中念念有词。和尚知道后，深怕他浸染外典，又把他禁闭在寺里，剃掉头发，还派年长者监管。陆羽实在受不了了，就逃跑出寺，沦落到了戏班子里学戏，作了优伶。虽然他其貌不扬，又有些口吃，却幽默机智，扮演丑角极为成功，后来还编写了三卷《谑谈》。

唐玄宗天宝五年（公元746年），在一次聚饮中，竟陵太守李齐物看到陆羽的表演，十分欣赏他的才华。据说李太守送给他一批诗书，并推荐他到火门山的邹夫子那里学习。天宝十一年（公元752年），礼部郎中崔国辅贬为竟陵司马。同一年，陆羽拜别邹夫子下山，认识了崔国辅，两人常一起出游，品茶鉴水，谈诗论文。

陆羽个性真诚，见到别人的善行，恨不得自己也能实践；见到别人的过失，反复规劝到几乎反目；跟朋友聚会，往往随兴来去，不熟的人常常怀疑他不好相处；但是他一但与人有约，无论如何必定赴约。

天宝十五年（公元756年），陆羽出游巴山峡川考察茶事，一路逢山驻马采茶，遇泉下鞍品水，积累了非常丰富的数据。

1. 茶圣陆羽
2. "南泠水"可能就是今天镇江金山寺的"天下第一泉"

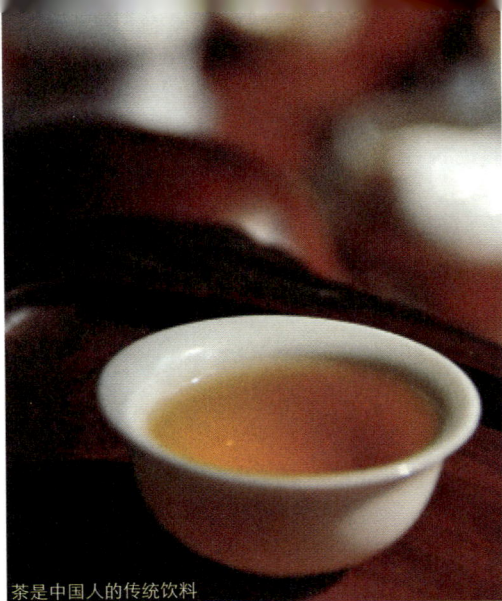
茶是中国人的传统饮料

天下知名，著名的南泠水就在附近，茶人遇佳泉，怎么可以错过？于是命令军士划船去取南泠取水，准备泡茶。

军士取水回来之后，陆羽拿起勺子舀了一点儿水，说："这是虽是江水却不是南泠水，应该是江岸之水。"军士回应说："我划船深入江中，大家都看见，并无虚言。"陆羽命人拿一个盆子过来，把水倒入盆中，倒了一半时突然停住，再舀起一点水，说："这才是南泠水。"军士大吃一惊，承认取水之后，因为船行摇晃，到了岸边只剩下半瓶，所以就舀了岸边江水补足一瓶。在座的宾客尽皆叹服。

陆羽所著的《茶经》一共有三卷，分为十章，总共7000多字，分别是：卷一，一之源，二之具，三之造；卷二，四之器；卷三，五之煮，六之饮，七之事，八之出，九之略，十之图。这是陆羽所搜集整理，关于茶事的第一手资料。

唐肃宗干元元年（公元758年），陆羽来到升州（今江苏南京），寄居栖霞寺，钻研茶事。次年，旅居丹阳（今江苏镇江）。唐上元元年（公元760年），陆羽从栖霞山前往苕溪（今浙江吴兴）隐居，闭门撰写《茶经》。期间常常身披纱巾短褐，脚着草鞋，独行山野，采茶觅泉，评茶品水，或吟诗、拍打树木，往来徘徊，每每号泣而归，当时人称他是今之"楚狂"。

楚狂是春秋时期楚国的隐士。《论语·微子》中记载孔子周游列国时"楚狂接舆歌而过孔子曰：'凤兮凤兮！何德之衰？往者不可谏，来者犹可追。已而，已而！今之从政者殆尔！'孔子下，欲与之言。趋而辟之，不得与之言。"

唐代宗时曾下诏要他出任"太子文学"，后来又改任"太常寺太祝"，但陆羽坚持不就任。于唐德宗贞元年末（公元804年）去世。

陆羽精于名茶、甘泉，关于他的传说不少。据说唐代宗时，李季卿出任湖州刺史，路过扬州遇见陆羽，李季卿早就听说过陆羽的大名，于是倾心结交，约他同行。过扬子驿的时候，李季卿对陆羽说，陆君善于茶，

除了全面记述产茶区的分布，茶叶的生长、种植、采摘、制造、品鉴之外，还记录了许多首见于世的名茶。例如顾渚紫笋茶，阳羡茶等，他所评鉴的名茶后来都成为供品。此外也记录了煮茶的过程、方法，饮茶的器皿、鉴赏方法以及中国茶的历史。据说此书一出，陆羽随即名动公卿。难怪他能够被尊为"茶圣"。

据说"南泠水"就是今天镇江金山寺的天下第一泉，当时这口泉水位于扬子江中，用一般方法只能取到江水，取不到南泠水，必须用特制带盖铜壶，壶盖上绑根绳子，把铜壶沉到江中的泉眼里，打开壶盖，装满泉水，再紧闭盖口，整瓶提上船。

本草纲目——李时珍

著名中国科技史专家李约瑟在《中国科学技术史》中写道："16世纪中国有两大天然药物学著作，一是世纪初（1505年）的《本草品汇精要》，一是世纪末（1595年）的《本草纲目》。"其中举世公认，备受推崇的《本草纲目》就是李时珍的精心杰作。

李时珍（1518~1593年），字东璧，号濒湖，晚年自号濒湖山人，湖北蕲州（今湖北省蕲春县）人。他的父亲李言闻是当地名医，李时珍继承家学。38岁时，李时珍被武昌的楚王召到王府任职"奉祠正"，兼管良医所事务。3年后，又被推荐进京担任"太医院院判"。太医院是专为宫廷服务的医疗机构，李时珍只任职一年，就辞职回乡。

"奉祠正"，明代王府长史司下设奉祠所，设奉祠正一名，正八品，掌管祭祀乐舞。

"良医所"明代藩王府都设有良医所，主管王府的医疗事务。洪武四年（1371年），良医所设良医正、良医备一人，寿官数人，由太医院推荐，吏部任命。

"太医院院判"：元、明、清三代的官名。元至治二年（1322年）始设院判，共二人，官阶正五品，位在院使、同知、佥院、同佥之下。明、清时期，院判官职在"院使"之下，正六品，职责是协助院使掌管医疗事务。

医圣——李时珍

在太医院任职这一年，李时珍经常出入太医院的药房以及御药库，积极从事药物研究，仔细比较、鉴别全国各地的药材，搜集大量资料，见到许多平时难得一见的药物标本，同时还有机会饱览太医院珍藏的丰富医学典籍，大大开阔了眼界，丰富了知识领域。

过去《神农本草经》里只有365种药材的记载，梁朝陶弘景又加了300多种，唐朝苏恭增加了114种，宋朝刘翰又增加了120种，到了掌禹锡、唐慎微时先后增补，共计1558种。但是品类烦杂，名称混乱，有时一物多名，或者二物混为一谈，实用价值有限。

李时珍离开太医院之后，经过长时间的准备，他开始整理《本草》的工作。编写过程中，他带着学生和儿子建元，翻山越岭，访医采药，收集民间验方，足迹遍及河南、河北、江苏、安徽、江西、湖北等地区，以及牛首山、摄山（今栖霞山）、茅山、太和山等名山。走了上万里路，倾听上千人的意见，参阅800多种医药书籍，历时27年，终于在他61岁那年（1578年）写成《本草纲目》。

全书52卷，大约190多万字，记载了1892种药物，分成16部、60类。其中374种是李时珍新增加的药物。总共记载药材1892种，绘有1000多幅插图，并附有11000多个药方。每种药物分"释名"（确定名称）、"集解"（叙述产地）、"正误"（更正过去文献的错误）、"修治"（炮制方法）、"气味"（介绍药性）、"主治"（列举该药所能治的主要病症）、"发明"（阐明药理或记录前人和自己的心得体会）、"附方"（收集民间流传的药方）等详细记录。

药物分类上李时珍改变了过去上、中、下三品的分类法，采取"析族区类，振纲分目"的科学分类，把药物分矿物药、植物药、动物药，又将矿物药分为金部、玉部、石部、卤部四部。植物药则根据植物药的性能、形态以及生长环境，区别为草部、谷部、菜部、果部、木部等五部；草部又分为山草、芳草、醒草、毒草、水草、蔓草、石草等小类。动物类排列为虫部、鳞部、介部、禽部、兽部、人部等六部。还加上了服器部。

《本草纲目》广泛涉及医学、药物学、生物学、矿物学、化学等领域，也记载了纯金属、金属、金属氯化物、硫化物等一系列化学反应，以及蒸馏、结晶、升华、沉淀、干燥等现代化学普遍运用的操作方法。

整本书反复修订三次，终于定稿。为了尽快刊刻，李时珍不顾年高体弱，两次前往太仓和南京，请大文学家、时任刑部尚书的王世贞作序。当时明朝万历皇帝，为了充实国家书库，下令全国向朝廷献书，李时珍的儿子李建元，将《本草纲目》献给朝廷。朝廷批了"书留览、礼部知道"七个字，就把《本草纲目》搁置一边。后来由金陵的私人刻书家胡承龙刻印，从明万历十八年（1590年）起刻，到明万历二十一年（1593年），历经4年才全部刻完。就在这一年，李时珍与世长辞，享年76岁。3年后，《本草纲目》在南京全部出版，史称"金陵版"，出版后立即成为中医师们的必备书籍。

1606年，《本草纲目》传入日本。1647年，波兰人弥格来中国，将《本草纲目》译成拉丁文流传欧洲，后来又先后译成日、韩、法、德、英、俄等文字。英国生物学家达尔文称《本草纲目》为"1596年的百科全书"。

五运六淫用药式　　五脏六腑用药气味补泻

五脏五味补泻　　脏腑虚实标本用药式

引经报使

本草纲目序例第一卷上

蕲阳李时珍东璧父编辑

序例上

历代诸家本草

神农本草经

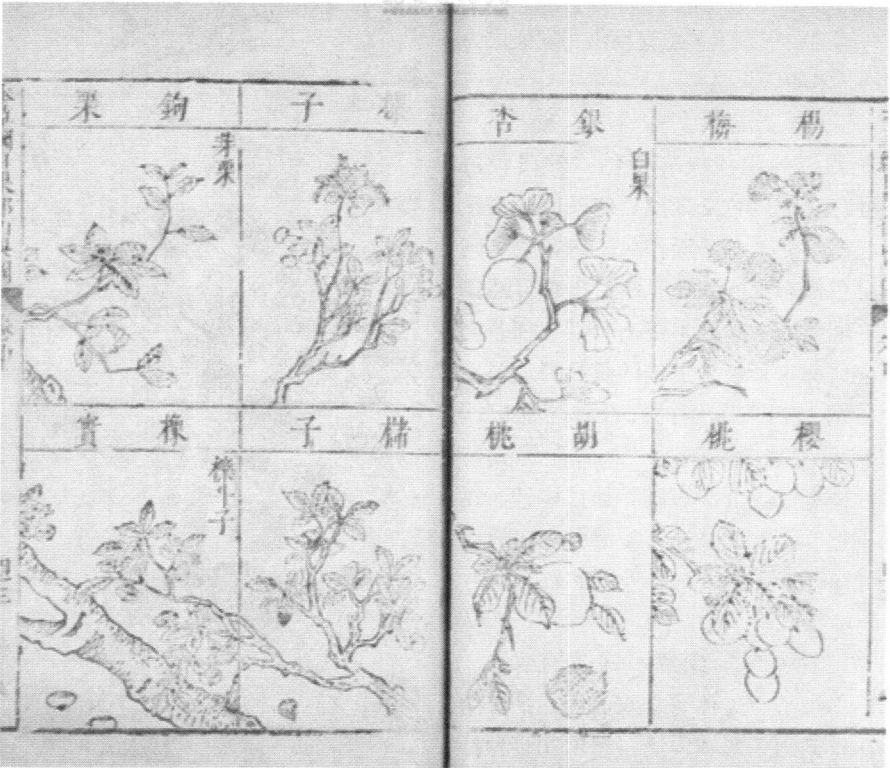

后起之绣——湘绣

湘绣是中国四大名绣之一，起源于湖南的民间刺绣，湘绣的历史源远流长，可追溯到2000多年前的春秋战国时期。从长沙战国楚墓和马王堆西汉古墓出土的大量绣品中，可以窥见当时湖南刺绣技艺已经相当精美。

湘绣的根本是从农村妇女用来装饰衣服、荷包、烟袋的制作开始的。后来有一些画家，如清光绪年间，宁乡画家杨世焯等人，陆续参与湘绣的画稿设计，把国画技法移植到刺绣上，逐渐形成了湘绣的独特风格。明末清初，长沙城开始出现刺绣作坊。辛亥革命后，各种规模的绣庄纷纷成立。此后湘绣又吸收了苏绣与粤绣的精华，工艺愈显精湛，发展成为清代刺绣艺术的后起之秀。

传统湘绣的用线极有特色，丝线轻过荚仁液处理后再以竹纸拭擦，使丝绒光洁平整不易起毛，便于刺绣操作。"织花线"则每根线染色都有深浅变化，绣后出现自然晕染效果。湘绣的擘丝技术更为精细，细若毫发，湖南俗称这种极为工细的绣品为"羊毛细绣"。针法汲取苏绣的套针技巧加以改进，以俗称"乱插针"的"掺针"为其特色。掺针体系又细分为多种，如接掺针、拗掺针和直掺针等，此外还有旋游针和盖针等多种湘绣特有的针法。

湘绣无论平绣、织绣、网绣、结绣、打子绣、剪绒绣、立体绣、双面绣、乱针绣等，都注重刻画外形和内质，运用70多种针

法和数百种颜色的绣线，充分发挥针法的表现力，强调写实，质朴而优美；配色则善于运用深浅灰及黑白色，加上明暗对比，增强质感和立体感，结构虚实结合，善于留白，突出主题；人物、动物、山水、花鸟等形象刻画入微，质感强烈，形神兼备。

四大名绣包括苏绣、湘绣、粤绣和蜀绣。

清朝的湘绣作品

好百年饭店

Best Centenial Hotel

好百年餐厅

百年老街——江汉路

在汉口江滩旁边的沿江大道上有一栋钟楼高耸的雄伟建筑，这栋古典建筑就是内河大港——汉口的海关"江汉关"。江汉关的侧面这条路就是大名鼎鼎的江汉路步行街。

江汉路位于汉口的中心，南起沿江大道，贯通中山大道、京汉大道，北到解放大道。这段1600米长的道路，正是武汉著名的百年商业老街。

江汉路靠近沿江大道这一头曾经是清末英租界里的"洋街"。清朝末年，随着租界商业、航运和贸易的发展，此一段江汉路里兴建了不少外国银行、洋行大楼，街道也拓宽到12米，当时称为太平街。

历史上的江汉路曾经是华人与洋人的分界线。江汉路西面的花楼街、黄陂街以及邻近的大兴路一带是华人开设的前店后厂型的作坊、店铺；临着江汉路的一面则是洋人开设的银行、公司和商店，因为有江汉关轮渡码头的迎送客流，而形成了江汉路商圈。

1927年，中国收回汉口英租界，西边靠江的太平街和东边的歆生路改名为江汉路。今天的江汉路上还保留着13幢近代优秀历史建筑，成为历史上江汉路繁华的见证。

2000年，有着近百年历史的武汉江汉路开辟成步行街，与北京王府井、上海南京路、天津和平路、哈尔滨中央大街并称中国的五大步行街。

江汉路拥有风格各异的建筑、齐全的休闲设施，为步行街营造良好的休闲观光气氛。同时江汉路也拆除了原来路边的人行

人来人往的步行街

道，除了金融业、金银珠宝业之外，其他商家都拆除铁卷门改成落地式玻璃门，并且增加灯光照明，装饰店名招牌，使街景与两边店铺落地橱窗连成一体。走进江汉路有如走进"巨型露天购物中心"。

现在的江汉路分为三个段落。从江汉关到鄱阳街口的400米形成以金融、保险业为主的金融街。从鄱阳街至中山大道的300米，是以国家级老字号以及现代国内名牌商品为主体的商业街，包括亨达利钟表店、班尼路、佐丹奴等众多专卖店。而从中山大道至江汉四路的500米，则形成以中心百货商店、新世界百货中心、俊华名品广场等现代大型商场为中心的综合商业区。

夜游江汉路步行街也是一种享受，夜晚的江汉路是一个流光溢彩的霓虹世界。江汉路两侧高挑的路灯散发出柔和的光线，商店招牌的霓虹灯闪耀着五彩缤纷的光芒。13栋典型欧洲风格的商业大楼，在灯光的照耀

下，更显得庄严雄浑。江汉关口安装的一排特殊光导灯，也成为非常别致的风景。

江汉路步行街上广场、绿地、园林小品、休闲坐椅随处可见，并且提供两辆新颖、小巧的电动车"随叫随停"载着客人观光、购物。焕然一新的江汉路不仅是华中地区首屈一指的"金街"，更是游客不能错过的景点。

1~2. 江汉路拥有各种风格的欧式建筑
3. 人来人往的步行街

江汉路拥有各种风格的欧式建筑

汉口正街——汉正街

就在汉水入长江的江口10多分钟的步行距离，有一条历史悠久的古街——"汉正街"。

汉正街是汉口最古老的街道之一，根据《夏口县志》记载，这条街已经有500多年的历史。早在明朝万历年间，汉正街就已经形成市镇，这里沿江从西至东，出现了宗三庙、杨家河、武圣庙、老官庙和集家嘴等众多的小型码头。因为港埠吞吐、集散物资，并且水上交通便利，沿街的店铺商号日渐增多，贸易频繁。到了清代康熙、乾隆年间，商业发展到鼎盛时期，汉正街已经成为"汉口之正街"。

乾隆四年，汉正街修筑石条路面。同治三年，郡守钟谦钧在此修建了万安巷等新码头。从此，汉正街更是商贾云集，交易兴盛，市场繁荣，吸引了四面八方的商旅、游客，热闹繁华，盛极一时。当时著名的老店像清光绪二十年开业的"谦祥益绸布店"（今天谦祥益百货仍然在营业），清同治元年开张的"苏恒泰伞店"，清乾隆四年创业的"汪玉霞食品店"，明崇祯十年创立的"叶开泰药店"等都在汉正街营业。

近百年来，汉正街一直是老汉口镇的商业精华区。老汉正街的商业分为上八行（商业行栈）、下八坊（手工业作坊）。根据《汉口小志》，其中最著名的俗称"八大行"，也就是盐行、茶行、药材行、杂货行、油行、粮行、棉花行、牛皮行。

1. 汉正街附近的小巷子里还有一些清朝的石条路面
2. 今天的汉正街仍然是商业重镇

现在的汉正街市场，东起三民路、民族路，西到桥口路，南临汉口沿河大道，北至中山大道，由汉正街、大夹街、长堤街、宝庆街、三曙街、永宁巷、万安巷等街巷组成，虽然大街上已经看不到过去汉正街的传统面貌，但是小巷子里却仍然找得到一部分清乾隆年间铺设的石条路面。

今天的汉正街虽然不复传统面貌，却仍然是武汉活络的商业中心区，也是华中地区重要的商品集散市场。占地2.56平方公里的汉正街地区，已经建成了服装、皮具箱包、家用电器、鞋类、陶瓷、布匹、小百货、塑料、工艺品、副食品等10个大型专业市场，是个相当方便的购物地区。

到汉正街购物，不妨顺便到附近的小巷子里逛逛，寻找一下明清时期汉正街的浮光掠影！

长沙太平街

长沙虽历史悠久，但是没有多少地面古迹保留下来，因为八年抗战期期间，长沙屡受战火波及，饱受苦难，几乎全城尽毁。太平街是其中极少数例外之一。

太平街坐落于长沙市老城区南部，是长沙古城保留原有街巷格局最完整的一条街。自战国时期长沙筑城开始，太平街就是古城核心重要的商业街，历经2000多年没有改变。

街区以太平街为主线，北至五一大道，南到解放路，西接卫国街，东到三兴街、三泰街；重点是沿太平街、西牌楼、马家巷、孚嘉巷、金线街、太傅里两侧的历史街区，鱼骨状的街巷布局近200年来没有太多化变。青瓦、坡顶、白墙、封火墙、木门窗，是这一带民居与店铺共同的建筑特色；老式的公馆则保留了石库门、青砖墙、天井四合院、回楼护栏等传统格局。

太平街一带拥有长怀井、明吉王府西牌楼旧址、辛亥革命共进会旧址、四正社旧址等历史遗迹，还有乾益升粮栈、利生盐号、洞庭春茶馆、宜春园茶楼等历史悠久的老字号。

西汉文学家贾谊的故居也在太平街，贾宜曾经被派到长沙担任长沙王太傅，当时他只有27岁，是汉朝中央政府派到长沙国（湖南）职级最高的官员。今天所见的贾宜故居当然不会是汉朝的建筑，但是位置却始终没有变动。

太平街的整修，使得老街的面貌焕然一新，沿街以著名老字号、字画、民族工艺品、文化休闲产业、特色旅游产品为主。书法篆刻大师李伏雨、李早父子、书画家陈羲明等著名文化人也都进驻太平街成立工作室。

太平街虽然不长，却是湖湘风情的代表之一。漫步在古街的麻石路上，除了石牌坊、封火墙、戏台之外，依稀还有点儿历史积累所散发的人文韵味。

1. 贾谊故居也在太平街
2. 重新整修过的太平街
3. 太平街的常怀井

1. 清蒸武昌鱼
2. 浮水鱼圆
3. 排骨藕汤

湘鄂一带自古就是鱼米之乡，《史记》中记载，楚地"地势饶食，无饥馑之患"。"湖广熟，天下足"的谚语，更是广为流传。

战国时期，大诗人屈原的作品中对于湘鄂一带的烹调就有生动的描写，在《招魂》中他这么形容楚国的饮食："稻粢穱麦，挐黄粱些。大苦咸酸，辛甘行些。肥牛之腱，臑若芳些。和酸若苦，陈吴羹些。胹鳖炮羔，有柘浆些。鹄酸臇凫，煎鸿鸧些。露鸡臛蠵，厉而不爽些。粔籹蜜饵，有餦餭些。瑶浆蜜勺，实羽觞些。挫糟冻饮，酎清凉些"。

意思是"大米、小米、麦子、黄粱，随你享用。酸、甜、咸、苦，调味适口。肥牛的腱子软而香。也有酸苦调和的吴国羹汤。炖甲鱼、烤羊羔浇上甘蔗汁。醋烹鹅、焖野鸡、煎肥雁，还有卤鸡和炖龟肉汤，味浓而美，煎徽子蜜糕加上饴糖，杯子里盛满蜜一般甘甜的美酒，滤糟冰冻之后更加清爽。"而在《大招》里也提到了"酪"（奶酪）、"醢豚"（猪肉酱）、"苦狗"（狗肉干）、"烝凫"（蒸野鸡），"臛雀"（雀羹）……可见战国时的楚地已经能够运用烧、烤、焖、煎、煮、炖、醋烹、卤、酱等10多种烹调方法。

说明了早在战国时期，湘鄂一带先民的饮食已经相当丰富多彩，烹调技艺也相对成熟。湘鄂一带楚墓中出土的上千件漆器食器，造型优美，色彩艳丽，花纹流畅，更可以证明当时湘鄂饮食文化的发达。

三无不成席——鄂菜

湘鄂一带，北边有长江流过，还有洞庭湖，盛产鱼、虾、蟹、莲藕、荸荠、菱角等河鲜，因此湖北的鄂菜以河鲜为主。鄂菜以江汉平原为中心，包含荆南、襄郧、鄂州和汉沔四大流派，侧重蒸、煨、烧、炒、炸，讲究汁浓芡亮，口鲜味醇，以鲜嫩、柔滑、爽口的食材本质取胜。

"荆南"河道纵横，湖泊密布，水产资源丰富，擅长各种河鲜菜肴，讲究鸡、鸭、鱼、肉合烹；肉糕、鱼圆尤有独到之处。"襄郧"盛行于汉水流域，以肉、禽为主体，善于烹调山珍野蔬，部分地区受四川影响口味偏辣。"鄂州"泛指鄂东南丘陵，农产品繁多，炸、烧特别拿手，以粮豆蔬果见长。"汉沔"植根于古代的云梦大泽，平原辽阔，湖泊星罗棋布，擅长烹制大型河鲜菜肴，蒸菜、煨汤别具一格，小吃也享有盛名。

武汉横跨长江两岸，内联九省，外通

海疆，明末清初时期已经是"四大名镇"之一，与河南朱仙镇、江西景德镇、广东佛山镇并驾齐驱，有了繁荣商业的经济支持，饮食烹饪才有发展的空间。

因此，武汉以汉阳、沔阳、武昌、黄陂、天门、孝感等地烹调为基础，广泛吸收周边各种地方风味，集鄂菜大成于一炉，成为鄂菜的典型代表。

鄂菜的食材中很少见到珍贵的山珍海味，而是以平民化的食材，加上精细的烹调技法，塑造成细致美味的佳肴；所以鄂菜的刀功非常讲究，名师授徒时多会要求在细布上切肉丝，要做到肉断而布不破。所以才能做出像"珊瑚鱼"这样的精细刀工菜。

鄂菜的另一个特点是主食、副食混合，代表性的名菜就是"沔阳三蒸"（即蒸畜禽、蒸水产和蒸蔬菜）与"珍珠丸子"。主料以鱼、肉、时蔬为主，配以大米，既凸显原料各自的独特风味，又融合了稻米的清香。由于稻米黏附在主料上，主料的水分不致散失，使得成菜鲜嫩柔滑，本味明显。各式各样的圆子也是鄂菜的特色，鄂菜厨师各有绝活。形形色色的肉类、鱼虾，或剁或刮都可以做成丸子；或蒸或煮，都能成为桌上佳肴。尤其现做的浮水鱼圆，新鲜的鱼经过洗净、采肉、漂洗、脱水、精滤、排斩、调味、成型、水煮的繁复过程；做出来的鱼圆，颜色洁白、味道鲜美、口感细密柔滑，无论作汤或是作菜都非常可口。

邻近长江、洞庭的周边地区，鱼类当然不会缺席，长江的鲴鱼、清江的清鱼，肉多刺少、肉质鲜嫩，都是水产中的上品，不管是红烧、清蒸、粉蒸或是涮食各有风味，历史悠久的"武昌鱼"更是闻名中外。这种鱼鲜则鲜矣，麻烦的是细刺非常多，跟虱目鱼不相上下。因为刺实在太多，所以也有餐

沔阳三蒸

厅把武昌鱼切成薄片，将刺切断之后再上锅蒸，以方便食客大快朵颐。

鄂菜有"三无不成席"的传统，"无汤不成席、无鱼不成席、无丸不成席"。有鱼，有圆子，当然还要有汤。广东人爱喝汤，武汉人也爱喝汤；广东人煲汤，武汉人煨汤。煨是将以炸、煸、炒或焯水等方法初步处理后的食材，掺入汤汁用旺火烧沸，撇去浮沫，调味之后加盖用微火长时间慢熬的烹调方法。

煨汤素来有"三分火候，七分调味"的说法。武汉人煨汤讲究原汁原味，爱用瓦罐煨汤，瓦罐导热较慢、传热均匀、能够保温，是煨汤的理性化器具。到过武汉的人估计都喝过藕汤，排骨藕汤几乎成了鄂菜汤品的代表。但是，除了排骨藕汤之外，甲鱼、河鱼、鸡、鸭等都可以煨汤。传统瓦罐、慢火煨出来的汤，鲜美可口、齿颊留香。

鄂菜之中，还有一道时令名菜"红菜苔炒腊肉"。红菜苔每年只在春节前后上市，以武昌洪山种植的最佳。当令的红菜苔肥壮、脆嫩，素炒清香，加入腊肉用芝麻油爆炒，更为出色。这道菜虽然知名度不如武昌鱼，却是异地湖北老乡们的乡愁。

武昌鱼：俗称"团头鲂"，肉质嫩滑，味道鲜美，原产于长江中游一带与长江连通的湖泊，主要产于武昌县境内的梁子湖，现在已经推广到全国各地养殖，是一种名贵的淡水鱼。东吴甘露元年（公元265年），孙皓想再度从建业（南京）迁都武昌。丞相陆凯上疏劝阻，疏中引用了"宁饮建业水，不食武昌鱼"这两句童谣。于是武昌鱼便开始加载史册。现代则有毛泽东"才饮长江水，又食武昌鱼"的词句，使武昌鱼更加著名。

珍珠丸子

粉蒸鮰鱼

珊瑚鱼

剁椒鱼头

红透半边天——湘菜

南下到湖南，就到了湘菜的地盘。湖南的饮食文化相当深远，从马王堆汉墓的遣策中看来，当时湖南的饮食文化已经逐步形成体系。马王堆一号墓的遣策中，单是"羹"一项就有白羹（与米屑同煮的羹）、巾羹（芹菜调制的羹）、酐羹（醋菹调味的羹）、苦羹（以苦菜调味的羹）、葑羹（菱白做的羹）、逢羹（加入蒿叶的羹）六大类。按照食材的不同，共有20多种，例如，牛首酐羹、羊酐羹、豚酐羹、雉酐羹、牛白羹、鹿肉鲍鱼笋白羹、鹿肉芋白羹、鲭白羹、雁巾羹、鲭禺（藕）肉巾羹、牛逢羹、豕逢羹、牛苦羹等。另外还有72种食物，例如，从生鱼腹上割取的肉是"鱼肤"，生肉切成细丝制成的"牛脍"、"鹿脍"等。

其他登记有案的食材，谷物包括稻、籼、秫、黍、麦、稯；豆类有菽、黄卷、麻；家畜有鹿、牛、羱（大角羊）、犬、羊、豚、麞（大鹿）、兔、麋；家禽有鸡、雁、雉、凫、鹄、鹌鹑、雀、鹧鸪、鸽、

卵；鱼类包含鲤、鲅、鰔、鳍、白鱼、鳊、鲂、鳅；蔬菜种类也不少，芋、笋、藕、葵、婆俞、芜荑、葱、芥。当时已经有鱿、豉、醯、盐、酱、糖、蜜、蒽、蕡等调味料。烹调方法能做菹（醋腌）、熬、昔（腊）、炙、濯（鸞）、煎、濡（烫）等。

这一段文字不用说你看得眼花缭乱，我写得都头晕目眩。总而言之，西安时期，湖南长沙一带的烹调食材、手法已经称得上变化多端，估计味道也是千变万化。

有这样的历史传承，也难怪今天湘菜能够名列八大菜系之一。湖南位于长江中游南岸，南岭以北。气候温暖，四季分明。湘北是著名的洞庭湖平原，盛产鱼虾，是著名的鱼米之乡；湘东为丘陵和盆地，湘南为南岭山脉，农牧发达；湘西多山，盛产笋、蕈等山珍野味；丰富的物产，使得湘菜缤纷多彩。随着烹饪技术的交流发展，湘菜逐步形成"湘江流域"、"洞庭湖区"和"湘西山区"三种不同风味。湘江流域以长沙、衡阳为中心，讲究菜肴质的精细和外形的美观，是湘菜的主流。洞庭湖区以常德、岳阳为主，擅长制作河鲜水禽；湘西则由当地民族风味菜组成，以山珍野味见长。

因地理位置的特性，湖南气候多雨潮湿，所以人们喜食辣椒，用以御寒去湿，发展到今天几乎无菜不辣。湖南人吃辣椒的花样不胜枚举：大红椒用密封的酸坛泡起来，辣中有酸，称为"酸辣"；大红辣椒剁碎，和上盐腌在密封坛里，辣中带咸，称为"咸辣"；大红辣椒剁碎，拌大米干粉，腌在密封坛里，食用时可干炒、可搅糊，称为"胙辣"；红辣椒碾碎后，加蒜籽、香豉，泡在茶油里，香味浓烈，称为"油辣"；大红椒放在火中烧烤，撕掉薄皮，用芝麻油、酱油凉拌，辣中带甜，称为"鲜辣"。此外干、鲜辣椒作为烹饪调料更为普遍。虽然有这么多花样，但是据唐鲁孙先

牛肉干是湘西风味

三角豆腐

红烧肉

生的记载，严格来说，湘菜传统的宴席菜，按规矩是丝毫不见辣味的。

除了辣，湖南的另一个代表味道是"苦"！湖南暑热时间比较长。中国传统医学对"暑"的解释是："天气主热，地气主湿，湿热交蒸谓之暑；人在气交之中，感而为病，则为暑病。"而中医认为"苦能泻火"、"苦能燥湿"、"苦能健胃"，所以吃些带苦味的食物，有助于清热、除湿、健胃。

今天大多以湘江流域的菜色作为湘菜代表，它以煨、炖、腊、蒸、炒著称，注重酸辣、香鲜、软嫩。煨、炖讲究微火，煨要味透汁浓，炖则要汤清如镜。洞庭湖区多用炖、烧、蒸、腊，芡大油厚，咸辣香嫩；炖菜常以火锅的形式上桌，边煮边吃边下料，滚烫鲜嫩。湘西则擅长山珍野味、烟熏腊肉和各种腌肉，口味侧重咸香酸辣，带有浓厚的山野风味。

提到湘菜，一定不能错过湖南的腊味。湖南一带从汉朝就有制作腊味的记载。今天的湖南腊味以腊肉、腊鱼、腊香肠、腊香干、瘦肉条最受欢迎，一般从选材、腌渍到熏制需要3~4个月，熏出来的腊味色泽油亮，味道咸鲜，相当诱人。

湖南农家通常在过年前杀年猪腌制腊肉，取皮薄、三分瘦七分肥的鲜肉，切成一条条瘦长的肉条，每一条肉大概两三斤重，然后放坛子里腌制。腌一个星期左右，从坛子里取出来，挂在灶台上让做饭时的柴火烟慢慢熏，经过大约3个月，熏到整条肉外观呈现黑色，包上一层厚厚的黑色油壳时取出，熏好的肉外黑里红，烟熏味深入到每一寸肉里，味道异常香美。这才是真正的乡里腊味，湖南人喜爱的原汁原味。

湖南腊肉远近驰名一

擂椒茄子

戸部巷、火宮殿——湘鄂小吃

户部巷位于武昌区自由路，是一条长150米左右的百年老巷，清朝时期，这条小巷因为毗邻藩台衙门而得名。今天的户部巷则是武汉著名的早餐巷。几乎各式各样武汉人经常用来"过早"（吃早饭）的食品，这里都找得到，而且口味基本不差。

根据当地的记载，20世纪40年代，原本挑担子沿街叫卖的谢氏面窝在户部巷里安家落户，因为他家的面窝品种多、口味好而大受欢迎。谢氏面窝可以算是户部巷的开山祖师。

20世纪70年代，慢慢开始有人在户部巷卖早点养家糊口，于是石婆婆热干面、陈氏红油牛肉面等陆续出现。20世纪80~90年代，中华路临江一带是武汉许多公共汽车路线的起点与终点，又是客运轮渡码头，从武昌搭乘轮渡过江上班的人很多，于是户部巷逐渐成为这些上班族"过早"的聚集地，名气愈来愈大，早餐店愈开愈多！

从此，不仅武汉，甚至散居在外地的武汉人，一有机会就要到这里"过早"，每天有上千人进出，全年生意兴旺。2003年，武昌区政府将整条巷子加以整理改建，使这里的建筑呈现出明清风格，成为观光客体验武汉当地人"过早"的最佳选择。

豆皮

武汉人到了外地之后，没有人不想念家乡的"豆皮"。豆皮也是武汉最普遍的传统早餐。

豆皮是用绿豆、大米磨成粉浆，摊成薄皮，然后再摊上鸡蛋，上面铺上糯米、肉丁等配料制成。豆皮制作要求"皮薄、浆清、火功正"，这样煎出来的豆皮外脆内软、油而不腻。"三鲜豆皮"是以馅中有鲜肉、鲜蛋、鲜虾而得名。老通城的三鲜豆皮远近闻名，这里的三鲜豆皮不仅馅中有肉、蛋、虾仁，还有猪心、猪肚、冬菇、玉兰片、叉烧肉，馅料讲究，煎制精细，算是豪华版。一般武汉人过早吃的豆皮则要简单得多，路边摊版的豆皮反而更接近生活原味。

热干面

北京炸酱面、山西刀削面、四川担担面、江苏浇头面、武汉热干面、广东竹升面，这六种面食合称"中国六大面"。

武汉"热干面"也是武汉的"早点之最"，以武汉蔡林记最有名。它用的是碱水面，先放到开水里烫到七分熟，捞起，沥干，然后用香麻油拌好之后均匀摊开，用麻油拌过的面每一根都不发黏。吃的时候将面条放在罩篱中入水烫热，去水之后倒进碗中，再加上酱萝卜丁、麻油、酱油、醋、芝麻酱、葱花，拌匀就可以食用。

芝麻酱是热干面的灵魂，热干面好不好，一是面要色泽金黄油亮而不油腻，而且根根独立；二是芝麻酱要用油调开，并且稠稀适当，调芝麻酱时还要调味。面好、酱好，才是一碗合格的热干面。

面窝

面窝，在荆州地区称为"油香"，创始于清光绪年间，是武汉地区常见的特色早餐，一般来说，热干面摊、豆皮摊、面窝摊总是比邻而居。虽然名为"面窝"，却不是用面粉做成，而是将大米和黄豆按一定比例泡磨成浆，舀进一种中央高四周低的特制铁勺里，撒上黑芝麻，放到油锅里炸制而成的，有些摊子的面窝里还要包上切成条状的糍粑。炸好后面窝成环型，两面金黄、外酥内软、中央爽脆，相当别致好吃。

糊汤粉

　　"粉"只是普通的米粉，但是它的特色却是在"糊汤"上。"糊汤"是用鲜鲫鱼熬的汤，必须经过彻夜熬煮，把整条鱼熬得骨化肉碎，然后加入大量胡椒，因为顾客大多数是在码头上做搬运工的苦力，为了耐饥，再加上生米粉起糊。冬天的早晨，吃上一碗热、辣、耐饥的糊汤粉，也算是一种享受。这是一极具武汉码头文化特色的早餐。糊汤粉是一种搭配油条的早餐，卖糊汤粉的必定卖油条。

麻辣小龙虾

　　麻辣小龙虾这几年红遍大江南北，不过它的发源地正是武汉！这种淡水里的小龙虾没有多少肉，但是香辣的口味正适合下酒，所以吃麻辣小龙虾有点儿带休闲情调，一边剥壳一边喝啤酒，也是一种舒适与放松，大概这也正是麻辣小龙虾流行的原因。

烧梅

　　烧梅，其实就是烧卖！传统的鲜肉香菇烧梅具有100多年的历史。重油烧梅的特点就是油多，不过烧梅虽油润却不腻口，鲜香而不干涩，软润含汤，在小吃中独树一帜。不过最近因为现代人的饮食习惯改变，对于油腻的食品比较难以接受，所以传统的重油烧梅也改良成比较清淡的口味，虽然油少了但是香鲜依旧。

枯炒豆丝

枯炒豆丝也是武汉人喜爱的小吃，虽然名字叫"豆丝"，可是样子却比较像广东的河粉。豆丝是以绿豆、大米等为原料，泡水磨碎成浆，在锅里摊成薄皮，切成丝。豆丝的做法很多，有汤豆丝、干豆丝、软炒豆丝、枯炒豆丝等多种吃法，味道各有千秋。枯炒、软炒，区别只在火候，最有名的还是枯炒，将豆丝用麻油煎炉半炒半炸，做成两面金黄酥脆，上面再浇上另外烩炒的配料。吃起来酥滑鲜嫩，别有风味。

鸭脖子

武汉的小吃这几年一直引领风潮，先是麻辣小龙虾，然后就是精武路鸭脖子！小小的卤鸭脖子竟然红遍大江南北，北从北京南到广州，连锁店开了一家又一家，而且品种愈来愈多，除了鸭脖子之外还有鸭翅膀、鸭肝、鸭胗、鸭肠、藕片等。这几年精武路的卤鸭脖子已经发展成连锁产业，据说每年全国的销售额竟然高达10亿元以上！

精武路的鸭脖子也是麻辣口味，有微辣、中辣、特辣之分，吃哪一种就看个人的耐辣能力了。切两根鸭脖子，来一瓶冰啤酒，也是武汉人的另一种消遥自在。

汤包

四季美的汤包，在武汉那可是大大的有名！四季美汤包是在苏式汤包的传统做法上改进而形成的。汤包皮薄、汤多、馅嫩、味鲜，这几年除了传统的鲜肉汤包之外，还推出了虾仁汤包、香菇汤包、蟹黄汤包、鸡茸汤包、什锦汤包等新品种，花样繁多，风味独特。其中西红柿汤包不仅颜色好看，口味还带着一点儿西红柿的酸甜，特别好吃。四季美汤包不仅武汉人喜欢，在全国也颇有名气。

有经验的食客会这样吃汤包：先轻轻咬破汤包表皮，慢慢吸尽里面的汤汁，然后再吃汤包的面皮和肉馅，这样才能真正领略到汤包的独特滋味。

长沙火宫殿

　　"火宫殿"是长沙著名的特色景点，虽然本身是火神庙，但是此地却聚集了最多、最正宗的美味湖南小吃，大多数到火宫殿的游客，为的不是烧香敬神，却是一饱口福。

三角豆腐

　　湖南人把豆腐干叫作"干子"，火宫殿除了"臭干子"之外，三角豆腐也很不错。顾名思义三角豆腐是因形状得名，做三角豆腐，豆腐干要先炸过定型，再对角切开，放入大骨汤里炖。鲜美的汤汁渗进豆腐里，风味更加迷人。

　　火宫殿的众多小吃中，三角豆腐将湘菜的香辣发挥得淋漓尽致。骨头汤里加入香辣的浏阳豆豉，再加辣椒、八角，装碗之后撒上葱花。

　　您吃的时候可得当心，一口咬下去，滚烫热辣的鲜汤马上喷溅口中，真能把人烫着。

龙脂猪血

这道猪血由于特别细嫩，犹如龙肝凤脂，所以称为龙脂猪血，是火宫殿八大小吃之一。小吃摊子上做这道猪血，除了猪血本身的制作特别考究之外，汤头要用猪骨清汤，将汤烧开之后放入熟猪血煮沸。再将冬菜、榨菜切成细末，与盐、酱油、熟猪油等放入碗里。将猪血片连汤冲入碗中，淋上香油，撒上葱花和胡椒粉，就可以大快朵颐！

臭豆腐

长沙臭豆腐"闻起来臭、吃起来香"，虽然颜色黑，不太好看，但是蘸着调味酱汁却是非常可口！长沙臭豆腐将豆腐胚放入以冬菇、冬笋头、曲酒、豆豉、青矾等原料配制的发酵水中浸泡。发酵好的豆腐入热油锅中以中火炸熟，再浇上辣椒油、酱油、香油等调味料拌成的蘸酱，香气浓烈，入口既脆且嫩！

荷兰粉

荷兰粉就是以蚕豆为原料制成的凉粉，据说以乾隆年间，火宫殿周福生制作的最有名，只是真看不出这种凉粉跟"荷兰"有什么关系。荷兰粉，湖南人也称为"鳞皮豆腐"，不过这个老名字大概知道的人不多了。

一般来说，凉粉大多是以豌豆、绿豆或红薯为原料，蚕豆做成的凉粉确实比较少见，而且一般凉粉是凉吃，荷兰粉是热吃。

火宫殿的荷兰粉用大骨汤煮，加上萝卜丁、葱花、辣椒，浇点麻油，柔顺嫩滑，不劳咀嚼就滑入腹中，清爽、鲜香、微辣，十分开胃。

姊妹团子

根据记载，20世纪20年代初期，长沙火宫殿前的广场上有一对姐妹摆了个卖团子的摊子，她们制作的团子美味可口，食客交相称赞，并因此被称为"姊妹团子"。

它以糯米为主原料，有糖馅、肉馅两种，糖馅是桂花、红枣，肉馅则是香菇鲜肉，糖馅团子做成蟠桃形，肉馅团子像石榴，十分赏心悦目。

地理位置

　　武汉武汉市位于中国中部地区、江汉平原东部，是中国经济地理圈的中心位置，被称为中国经济地理的"心脏"。

　　世界第三大河"长江"及其支流"汉江"横贯市区，将武汉一分为三，形成武昌、汉口、汉阳三镇鼎立的格局。诗仙李白在此写下"黄鹤楼中吹玉笛，江城五月落梅花"的诗句，因此武汉别称"江城"。武汉也是水资源丰富的城市，水域面积占全市面积的1/4，构成武汉极具特色的滨江、滨湖生态环境。

　　长沙位于中国中南部、长江以南地区，湖南省的东部偏北，地处洞庭湖平原南端。"湘江"是长沙最重要的河流，由南向北贯穿全境，把城市分为河东和河西两大部分。河东以商业经济为主，河西以文化教育为主。

　　长沙是具有3000年历史的古城，是楚汉文化和湖湘文化的发源地，湖南省的政治、经济、文化、交通和科教中心，也是中国南方地区重要的中心城市。

气候

　　武汉属北亚热带季风性湿润气候区，雨量充沛，日照充足，四季分明，夏热冬寒。1月平均气温为1℃，7月、8月平均气温为28.7℃，夏季长达135天，春、秋两季各约60天。初夏梅雨季节雨量较集中，年降水量为1050～1200毫米。

　　长沙属亚热带季风气候，春末夏初多雨，夏末秋季多旱，春湿多变，夏秋多晴，严冬期短而多雨，暑热期长。年平均气温16.8℃～17.2℃，极端最高气温40.6℃，极端最低气温－12℃。年平均总降水量1422.4毫米。

黄鹤楼

昔人已乘黄鹤去，此地空余黄鹤楼，黄鹤一去不复返，白云千载空悠悠；

晴川历历汉阳树，芳草萋萋鹦鹉洲，日暮乡关何处是？烟波江上使人愁。

《黄鹤楼》 崔颢

崔颢的这首七律使得武昌"黄鹤楼"的盛名千年不衰。从长江一桥前往武昌，一上桥就能见到对岸的蛇山上矗立着一座朱栏黄瓦的五层楼阁，这就是著名的黄鹤楼。

三国时期，孙权从南京迁都武昌之后，东吴黄武二年，派人在长江边的蛇山上修筑高楼以瞭望敌情，这就是最初的黄鹤楼。黄鹤楼在漫长时光之中屡建屡毁，现在的黄鹤楼是1981年10月动工、1985年6月落成的新楼，这座楼以清朝同治年间修建的黄鹤楼为蓝本，不失黄鹤楼的独特造型，又比历代旧楼更加雄伟。

除了崔颢的《黄鹤楼》之外，诗仙李白也作了一首更有名的《送孟浩然之广陵》："故人西辞黄鹤楼，烟花三月下扬州，孤帆远影碧山尽，惟见长江天际流。"黄鹤楼的盛名，就这样在崔颢、李白的诗里屹立不倒、流传千古！

黄鹤楼

门票：80元

开放时间：7:00~18:30(4月1日至10月31日)；7:30~17:30(11月1日至次年3月31日)

交通：10路、61路、64路、108路、401路、402路、电1路、电车4路，黄鹤楼站

辛亥革命武昌起义纪念馆

蛇山脚下有一栋砖红色，气派非凡的西式议会大厦，这一栋楼房原本是清朝末年湖广总督张之洞兴建的"湖北咨议局"，于1910年完工落成。因为建筑物保留红砖本色，所以武昌人昵称它为"红楼"。

1911年10月10日辛亥革命之后，就在这栋红楼里成立了"中华民国军政府鄂军都督府"，代行"中华民国军政府"的军事、外交职权。中华民国由此地诞生，中华民国第一份

安民布告、第一份对各国公使的照会，都从这里发出。

辛亥革命武昌起义纪念馆

地址：武昌区武珞路1号

门票：免费，但必须登记个人资料

开放时间：9：00~17：00，16：00起停止入场，星期一闭馆

交通：10路、61路、64路、108路、401路、402路、电1路、电车4路，黄鹤楼站

宝通禅寺

"宝通禅寺"是武汉市佛教四大丛林之一，始建于南朝刘宋年间（公元420~479年），是武汉现存最古老的寺院，现存的殿阁大多数是清朝末年重修时兴建的建筑。

位于宝通禅寺最后方的洪山宝塔，原名"临济塔"，为七级八方的砖石塔，塔高45.6米，坐北向南。由第一层的小圆门进入，可以盘旋而上直达塔顶。登高远眺，武汉三镇景色尽收眼底。

宝通禅寺

地址：武昌区武珞路549号

门票：10元

开放时间：6：00~16：00

交通：18路、25路、510路空调、518路、518区、564路、576路、601路、608路、608路空调、703路空调、804路、806路、811路空调、907路，武珞路洪山站

长春观

武昌大东门外的长春观，是武汉地区规模最大、保存最完整的道教古建筑。据说长春观是长春真人邱处机的弟子所建，最初创建于元朝，为了纪念邱处机所以命名为长春观，距今已有800多年历史。

1983年，国务院确定长春观为全国对外开放、开展宗教活动的重点道观，拨款维修山门、灵官殿、二神殿、太清殿，并且重塑部分神像。1995年修建长江大桥时，再将黄鹤楼旧址处吕祖阁内的"吕洞宾卧像"和"五百灵官"移到长春观内，使得长春观成为武汉地区保存道教文物最多的道观。

长春观

地址:武昌区武珞路269号

门票：10元

交通：59路、401路、411路、503路、536路、537路、590路空调、806路，武珞路长春观天桥站

东湖

武汉市东边有一大片宽广辽阔的水域，这片远古时期"云梦大泽"淤积之后留下的遗迹，今天已经开发成武汉市著名的"东湖生态风景旅游区"。面积82平方公里的东湖生态风景旅游区，水域面积占33平方公里，风光秀丽、碧波荡漾，是中国最大的城中湖。东湖目前已经开放听涛、磨山、吹笛、落雁四大景区，岛屿星罗棋布，磨山、枫多山、吹笛山等34座山峰绵延环绕。

东湖也是中国最大的"楚文化"展示中心，"行吟阁"名闻遐迩，"离骚碑"号称"三绝"，"楚城"、"楚市"古典文化气氛浓郁，"楚天台"气势磅礴，"楚才园"雕塑恢宏，相当值得游览。

东湖

门票：听涛景区免费，磨山景区40元/人，落雁景区10元/人，马鞍山城市森林保护区10元/人

交通：14路、36路、401路、402路、411路、413路、515路、605路、701路、712路、578路、573路、537路、电1专线、8路电车均可到达

湖北省博物馆

筹建于1953年的湖北省博物馆就在东湖风景区的西边，是湖北省唯一的省级综合性博物馆，也是最重要的文物收藏、研究和展示机构。

今天的馆区内综合陈列馆、楚文化馆、编钟馆三座高台基、宽屋檐、大坡面屋顶的仿古建筑鼎足而立，构成一个硕大的"品"字，布局呈现楚国建筑"中轴对称"、"一台一殿"、"多台成组"的高台建筑布局。建筑风格采用楚国多层宽屋檐、大坡式屋顶等建筑特点。馆藏文物20多万件，其中包括近千件国家一级文物。

丰富并且有着地方特色的珍贵藏品使得湖北省博物馆在海内外享有一定声誉。

世界上体积最庞大的青铜乐器"曾侯乙编钟"、中国兵器的翘楚之作"越王勾践剑"、地质年代早于北京人的"郧县人头骨化石"等，在中国古代文化发展史上都具有极重要的地位。

湖北省博物馆

地址：武汉市武昌区东湖路156号
门票：免费，但每半个小时放500人入场，每天限制参观人数为5000人
开放时间：9：00~17：00，15：00停止入场，星期一闭馆（国家法定节假日除外）
交通：乘14、108、402、411、552、578、709路公交到省博物馆站下车，乘605、712路到黄鹂路下车即到

归元寺

"归元禅寺"位于汉阳翠微峰下的翠微路西侧，原址在明代原本是一座私人花园，清顺治十五年，园主布施给浙江僧人白光、主峰两位和尚，在这里修建了3座小塔，塔中收纳无主尸骨。后来才修建寺庙，经过历代陆续重建、增建，成为今天的格局。1983年，归元寺被国务院确定为汉地全国重点佛教寺院。现为湖北省佛教协会和武汉市佛教协会所在地。归元寺里古树参天，花木繁茂，泉清水绿，曲径通幽，号称"汉西一境"。

归元寺

地址：汉阳区钟家村翠微路6号

门票价格：10元

开放时间：8：00~17：00

交通：401路，归元寺站

晴川阁

"晴川历历汉阳树，芳草萋萋鹦鹉洲"，唐朝崔颢的《黄鹤楼》诗里就已经提到"晴川"。晴川阁位于汉阳区晴川街，坐落在长江北岸、龟山东麓的禹功矶，北临汉水，东滨长江。与武昌黄鹤楼隔江相望，楼阁对峙互为衬托，有"三楚胜景"之称。

现存的禹稷行宫建筑为清同治二年修建，1984年按"修旧如旧"的原则修缮。修缮后的禹稷行宫面积380平方米，由大殿、前殿、左右廊庑、天井等部分构成。

晴川阁

地址：汉阳区滨江大道长江大桥北岸龟山东麓禹公矶

门票：免费

开放时间：9：00~17：00

交通：30路、108路、248路、531路、532路、535路、553路、559路、559路空调、561路、648路、711路、803路、803路空调，晴川阁站

古琴台

让世世代代文人雅士称颂流传、心向往之的"伯牙碎琴谢知音"故事，就发生在今天汉阳的"古琴台"。"古琴台"，又名伯牙台，位于汉阳龟山西麓，是武汉文化内涵丰富的著名音乐文化古迹，也是湖北省、武汉市重点文物保护单位之一。

古琴台

地址：汉阳区汉阳琴台大道10号

门票：15元

交通：596路、电车7路，古琴台站

江滩

　　汉口江滩有西方式庭院的简洁、开敞、大方，不仅成为武汉市民最佳的休闲去处、游客必游的景点，更是这座江城的骄傲。无论是乘坐游船从江上远眺，还是漫步在绿草树荫之间，都给人带来一种闲暇惬意的舒适心情。

　　汉口江滩的旁边从"江汉关"到"武汉市政府"之间，就是曾经成为各国租界的沿江大道，沿江大道面江的一带仍然保留着许多巴洛克式、罗马式、折中主义式商业建筑，形成一道不逊于上海外滩的建筑景观。这一线景观与开阔舒适的江滩公园连成一片，形成代表武汉沿江历史的独有优美风景。

江滩

交通：9路、30路、68路、207路、207路空调、212路、248路、502路、523路、527路、563路、579路、595路、601路、603路、606路、708路、737路，沿江大道武汉港站

汉正街

汉正街是汉口最古老的街道之一，根据《夏口县志》记载，这条街已经有500多年的历史。早在明朝万历年间，汉正街就已经形成市镇，这里沿江从西至东，出现了宗三庙、杨家河、武圣庙、老官庙和集家嘴等众多的小型码头。因为港埠吞吐、集散物资，并且水上交通便利，沿街的店铺商号日渐增多，贸易频繁。到了清代康熙、乾隆年间，商业发展到鼎盛时期，汉正街已经成为"汉口之正街"。

乾隆四年，汉正街修筑石条路面；同治三年，郡守钟谦钧在此修建了万安巷等新码头。从此，汉正街更是商贾云集，交易兴盛，市场繁荣，吸引了四面八方的商旅、游客，热闹繁华，盛极一时。现在的汉正街市场，东起三民路、民族路，西到桥口路，南临汉口沿河大道，北至中山大道，由汉正街、大夹街、长堤街、宝庆街、三曙街、永宁巷、万安巷等街巷组成，虽然大街上已经看不到过去汉正街的传统面貌，但是小巷子里却仍然找得到一部分清乾隆年间铺设的石条路面。

汉正街

交通：24路、42路、402路、411路、524路、558路、571路、585路、598路、648路、704路、705路、707路、708路、726路、电1路、电车4路、电车7路，武胜路江汉一桥站

户部巷

20世纪40年代，肩挑小担沿街叫卖的谢氏面窝在户部巷安家落户；70年代，陆续有人在户部巷做早点养家糊口；80～90年代，中华路临江一带是武汉多条公车辆的起点站、终点站，客运轮渡码头集中，搭乘轮渡过江上班的市民相当多，户部巷逐渐成为这些上班族"过早"的聚集地，品尝武汉小吃的最佳处之一。

户部巷

交通：14路、19路、515路、521路、529路、530、530路、572路、573路、717路、804路，民主路司门口站

岳麓山

岳麓山海拔只有300米，却绵延数十公里，犹如长沙西面的一道屏障。岳麓山属于南岳衡山山脉，古人把岳麓山称为"灵麓峰"，列为南岳七十二峰之一。

岳麓山名胜古迹众多，汇集湘楚文化精华，坐落山中的岳麓书院为宋代四大书院之冠；麓山寺号称"汉魏最初名胜，湖湘第一道场"；青枫峡的爱晚亭名列中国四大名亭。

岳麓山

地址：长沙市岳麓区西郊

门票：免费

开放时间：6：00~23：00

交通：132路、202路、305路、立珊线、旅1路、旅3路区间，岳麓山北站

岳麓书院

"岳麓书院"位于长沙市湘江西岸岳麓山，是中国古代著名的四大书院之一。这座书院创始于北宋开宝九年（公元976年），历经宋、元、明、清，直到晚清光绪二十九年（1903年）改制为"湖南高等学堂"，民国十五年（1926年）更名为"湖南大学"。岳麓书院至今仍然作为湖南大学下属的教学机构对外招收学生，号称"千年学府"。

岳麓书院

地址:长沙市岳麓区麓山路273号（湖南大学内）

门票：30元

开放时间：夏季：07:30~18:00

　　　　　冬季：08:00~17:30

交通：旅3路区间，东方红广场—公车站

湖南省博物馆

湖南省博物馆位于长沙，1951年筹建，1956年正式开放，是湖南省最大的历史艺术博物馆，也是中国第一批国家一级博物馆。这座博物馆拥有18万件以上的收藏品，包括新石器时代的石器、陶器，商周青铜器，楚国文物，东汉至隋唐的湘阴窑和岳州窑青瓷，唐朝至五代时期的长沙窑釉下彩瓷器，唐人摹王羲之《兰亭序》卷和明末清初著名思想家王夫之的手稿等，其中包括国家一级文物763件。但是最受瞩目的是"马王堆汉墓"的出土文物。

湖南省博物馆

地址：长沙市开福区东风路50号

门票：免费

开放时间：9：00~17：00，每周一（国家法定节假日除外）及农历除夕闭馆

交通：112路、113路、131路、136路、146路、150路、302路、303路、704路空调、901路、901区间，省博物馆站

火宫殿

　　"火宫殿"是长沙著名的特色景点，虽然本身是火神庙，但是此地却聚集了最多、最正宗的美味湖南小吃，大多数到火宫殿的游客，为的不是烧香敬神，却是一饱口福。

火宫殿

地址：坡子街78号（近三王街）

交通：1路、2路、123路、406路、707路、804区、旅3路，坡子街站

南岳大庙

南岳古镇北街尽头、赤帝峰下，富丽堂皇的建筑群就是著名的"南岳大庙"，占地面积98500平方米的南岳大庙是中国五岳庙之中规模最大，整体布局最完整的宫殿式庙宇。

这座庙宇最初是建于唐朝开元十三年（公元725年）的"南岳真君祠"，据说原本是建在衡山祝融峰上的"司天霍王殿"。从唐朝开元年间修建以来，这座庙一共遭遇了6次大火，经过历代的修缮扩建，才形成今天的规模。尤其是现存的大殿——"圣帝殿"，是清光绪八年模仿紫禁城太和殿的样式重修的，殿高31.11米，占地面积1877平方米，体积相当巨大。

今天的南岳大庙仍然保持了唐朝以来的基本布局，南岳大庙的建筑等级相当高，一共有九进、四重院落，更特别的是南岳大庙的东边有8座道观，西边有8座佛寺，中轴在线则是儒家礼制的建筑。释、道、儒三教共存一庙，三教建筑泾渭分明又和睦相处。

南岳大庙

门票：50元

交通：新中心汽车站搭乘"衡阳—南岳"的客运汽车去南岳，13元/人，15分钟一班车，55分钟到

南岳衡山

衡山是"五岳"之中的"南岳"，位于湖南中南部，湘中盆地中央；南起衡阳市回雁峰，北至长沙岳麓山，蜿蜒800里，拥有大小72座山峰。虽然衡山的海拔只有1300米左右，比其他四岳都要低一些，但是雄浑的气魄却毫不逊色。相传炎帝神农氏带领氏族南渡长江开辟潇湘，火神祝融以火施化，所以南岳之神以炎帝与祝融为主。自从舜帝南巡开始，这里就成为历代天子巡狩、祭祀的地方。

衡山也是历代名士盘桓、谪官流寓的地方，晚唐名相李泌、宋代胡安国父子、朱熹、湛甘泉等大学者都曾经在此地讲学；李白、杜甫、韩愈、柳宗元、刘禹锡、白居易、黄庭坚、王夫之等著名诗人词家也在此留下了许多精彩的作品。

南岳衡山

地址：湖南省衡阳市南岳区西街90号

门票：100元

开放时间：旺季（4~10月）8：00~18：00
　　　　　淡季（11~3月）8：30~17：30

交通：新中心汽车站搭乘"衡阳—南岳"的客运汽车去南岳，13元/人，15分钟一班车，55分钟到

庄王出

交通

武汉、长沙、衡阳主要的交通工具是公共汽车、出租车，也有一些短途的三轮车（按距离议价）。出租车顶有"TAXI"标志，空车时车前挡风玻璃会亮起红色标志。后座车窗两侧的玻璃上都标有每公里价格。

武汉的出租车起步价6元/2公里，此后每公里1.4元。有一种比较大一点儿的出租车起步价8元/2公里，此后每公里2元。除了车资之外，每一趟还要另收燃油附加费1.5元。过路费、过桥费、停车费等需由乘客支付。

长沙的出租车，白天起步价6元/2公里后每公里1.8元；晚上起步价7元，2公里后每公里2元。每一趟还要另收燃油附加费1.5元。

衡阳的出租车起步价5元/2公里。此后每500米加1元，最后再加燃油费1.5元。但是晚上9点以后每500米加1.2元。过路费、过桥费、停车费等需由乘客支付。

武汉有地铁，按行程远近计价，相当方便。长沙地铁目前还在建设中，预计2013年10月通车。

特别小心在机场、车站、旅店门口招揽生意的非正规车辆，不仅会敲竹杠，而且服务没有保障。

铁路是城市与城市之间最经济的交通选择之一。一般沿海地区，北京以南的南北向铁路车厢比东西向的干净舒适，乘客的素质也比较好。

铁路车票分为软卧、硬卧、软座、硬座四种等级，票价依次递减。软卧、硬卧都是小房间，软卧一间4个床位，2个上铺、2个下铺，下铺的票价比上铺贵一点儿。硬卧一个房间6个床位，两边各有上中下3层（买硬卧车票最好买下铺，中铺以及上铺的空间狭小，只能躺着，没办法坐着）。不管软卧、硬卧，车厢里都有公共卫

生设备以及洗脸台。

软座、硬座都是一般的车厢座位，软座比硬座舒适许多。大多数火车站里，软卧、软座旅客都有独立的候车室，持有软卧、软座车票才能进入，并且有独立的优先上车通道，通常软卧、软座乘客上车之后，才轮到硬卧、硬座乘客上车。也有些城市的火车站则专设有茶座，同样有独立的上车通道，必须持有软卧、软座车票才能够进入，但是进入茶座必须消费。

搭乘软卧夜车，是不错的旅行方式，以北京到上海为例，刚好睡一觉就到达目的地。软卧车厢一般都还干净、舒适。这种方式节省了交通时间，也节省了住宿旅店的费用。

需要赶时间的话可以考虑搭乘铁路"和谐号动车组"，这是时速达到200公里以上的新列车。车厢分为一等座与二等座，一等座一排4个座位比较宽敞舒适，二等座一排5个座位比较挤一点儿。不过动车组的票价几乎是一般软座票价的2倍。前往武汉、长沙现在也都可以搭乘动车。

任何交通工具，都必须注意随身携带的行李，尽可能不要带贵重的东西。小偷、扒手全世界都有，特别是车站、机场、商场、地铁、公交车等人多拥挤的地方。

购买火车票或是机票，可以在住宿旅店的柜台订票，一般会加收50元人民币左右的服务费。

机票通常都有折扣，不同航班、不同起始地点，折扣都不同，可以向柜台询问目前的机票折扣。火车票则没有折扣（买机票也可以上网通过携程旅游网 http://www.ctrip.com 或e龙旅游网 http://www.elong.com 订票，要他们把票送到住宿地点，送票收款，票价都算合理，一般送票不收额外的服务费）。

不一样的深度文化行旅

　　这是一套从2006年就开始策划的系列文化读本。回头看，6年过去了，我们的作者仍在行走，我们的中国文化情感仍旧鲜活。当然，源于中国文化魅力依旧。

　　这套书首次与读者见面是2007年，以繁体版的形式出现在宝岛台湾，第一本写的是作者高文麒非常喜爱的北京京城文化，图书甫一上市就受到好评，大大激发了写作热情。然后山西、西安、山东、安徽、江苏……以一年2~3册的节奏陆续出版、加印。今年有机会将这套书展现给内地读者，要感谢经济科学出版社。

　　中国的历史、地理、文化、美食，对读者来说并不陌生，但是一般旅游书，却极少具有人文深度。许多旅行者，包括内地旅客和港台游客，脚踩在孕育出丰厚文化的土壤上，却只能观赏浮面表象；感受不到先秦、战国的纵横开阔；体验不到大汉、盛唐的恢宏壮丽、欣赏不到魏晋与宋的文采风流……

　　绝大多数关于中国的旅游书介绍得非常浅，从来没看到过像DK、Michelin或是Lonely Planet 那样有深度的旅游书。但是，这三家公司出版的中国旅游书就没有介绍欧美国家那么精彩，毕竟文化系统不同，还是难以深入理解。举几个简单的例子：

一、介绍紫禁城，必然会介绍外朝三大殿（太和殿、中和殿、保和殿），但是有某本旅游书的作者知道三大殿在明朝曾经三次烧掉然后重建，现在所看到的太和殿正面只有21丈宽，比明成祖当年所建的太和殿短了整整9丈。

二、关于北京的旅游书都介绍北京烤鸭，而且千篇一律都是全聚德的挂炉烤鸭。事实上，北京烤鸭是明成祖迁都时从南京传到北京的，原来叫作"金陵烤鸭"；正宗的北京烤鸭并不是全聚德的挂炉烤鸭，而是焖炉烤鸭。早在明朝的文人笔记《菊隐记闻》中就已经有北京烤鸭老店"便宜坊"的记载，便宜坊至今仍然经营焖炉烤鸭。

三、介绍西安，都会介绍兵马俑、法门寺、大雁塔、骊山陵，却鲜少关注西安古刹的精彩：大兴善寺是汉传密宗的祖庭、唐朝最大的国立佛经翻译中心，远自西域而来的善无畏、金刚智、不空三位大师都曾在此地译经（唐肃宗甚至封不空大师为鸿胪寺卿、开府仪同三司），大兴善寺更是中国最早举行密宗灌顶仪式的寺院，也是最早供奉女相观音菩萨的寺院；青龙寺是日本真言宗祖庭、空海大师求学的地方，春季的青龙寺繁华似锦，让人分不清是在京都或是西安；草堂寺原本是后秦皇帝姚兴的别墅"逍遥园"，后来成为鸠摩罗什大师翻译佛经的地方、三论宗祖庭，建有鸠摩罗什大师舍利塔……读者更不会了解西安南边的乐游原、神禾原、辋川、樊川、终南山、曲江、杜陵、苇曲、仙游寺等在文化上的卓越地位；以及日本奈良文化与盛唐文化的密切关系。

至于各地美食，鲁、川、粤、淮扬四大风味，山东、四川、湖南、江苏、浙江、安徽、广东、福建八大菜系各自的特色、厨艺手法、烹调精神，历史渊源，以及饮食文化与人文、历史的渊源掌故，了解的人就更少了。为什么山东菜跟河南菜同属一个系统，而闽菜是它的分支？为什么上海菜油重而甜腻？山西面食与山东面食有什么不同？为什么山西人爱吃醋？到了北京应该尝试什么？扬州的干丝为什么要早上吃？镇江白汤面为什么称为锅里煮锅盖？陕西岐山肉夹馍与台湾的割包如出一辙，西安的酥糖跟金门贡糖一模一样……这些问题、知识，都是一般旅游书上缺乏的。

而这也是作者高文麒愿意去写一套不一样的，兼具文化深度和知识性的行旅图书的初衷和动力所在。

高文麒开始经常背着背包自助旅行。行程包括哈尔滨、沈阳、大连、承德、秦皇岛、北戴河、北京、天津、太原、济南、青岛、淄博、潍坊、合肥、安庆、徽州、黄山、南京、上海、苏州、杭州、无锡、宜兴、扬州、镇江、淮安、武汉、江夏、长沙、岳阳、开封、洛阳、西安、韩城、银川、昆明、大理、贵阳、凯里、雷山、安顺、拉萨……最长的一次旅行由成都、重庆沿长江而下，以火车与长途汽车为主要交通工具，经宜昌、武汉、九江、南京、杭州、上海，历时25天。

由于对文化、历史的浓厚兴趣，高文麒从旅行的准备工作开始就特别注意各地的历史、文化与人文掌故，包括当地历史、文化、人物的源流、变迁，以及与当地风土民情、古迹名胜的关系。所以许多城市和景点对他来说就具有另一种意义，并且开始建立起一套宏观的文化体系观点。

由于常常旅行，他在各地收获许多朋友，让他对各地民情比较清楚，也更了解当地人的想法，因此旅行中的观察角度，比单纯的外来旅行者更深入。同时也能够发掘出许多一般旅游书不注意的精彩景点或是活动。高文麒爱吃、喜欢吃、会做菜，喜欢尝试各地的不同风味。每到一地免不了拐弯抹角寻找当地人认可的正统当地口味，并且进一步从当地的历史、地理、人文等层面了解当地饮食文化。

经过多年的实践行旅，于是，他以切身的旅游经验、笔记和行程设计心得为蓝本，从文化、历史的角度切入，以文化体系和历史脉络为经纬，从具有代表性的文化圈中挑选适合旅游的地点，撰写具有人文深度与广度，兼具知识性的"文化中国"系列。这一次的文化旅程，真的会不一样。

陈丽娥

曦若文化总编辑

系列‖文化中国·深度行旅
书名‖《北京　京城文化》
撰文&摄影‖高文麒

策划出品‖曦若文化
总编辑‖陈丽娥
高级顾问‖高文麒
特邀顾问‖杨正清
文字编辑‖喜喜
美术设计‖冯超

上海曦若文化传播有限公司
豆瓣小站‖www.douban.com/people/ccculture
　　　　　http://site.douban.com/169070/
新浪微博‖@曦若文化007或@曦若文化
E-mail‖2311041386@qq.com
MSN‖ouran777@hotmail.com

我们有来自两岸三地及国外的作者和编辑团队。从工作室
到文化公司，10年，曾参与策划、编辑和制作的图书与
杂志逾千种。
我们一直以"思变则通，上善若水"的精神，辛勤耕耘，
不断思考、不断向前，从选题策划到编辑组稿，到创意表
现，到制作设计，到有效的企划宣传。
我们着力于人文、生活、旅游、葡萄酒和饮食文化等图书
选题的策划撰写、图片拍摄、编辑出版。立志做有价值的
出版物。
我们不急不躁。且行且书且安生，丰盈而美好。10年。
我们交付给时光的意义，文字知道。如果路途偶遇志同道
合的你，欢迎加入。

本书所刊载资料已尽力查核，因资料偶有异动变更，行
前请读者视需要自行再次确认。

我们交付给时光的意义，文字知道。

百越文化
云南

苗侗文化
贵州

巴蜀文化
川渝

中原文化
河南

京城文化
北京

盐商文化
江苏

三晋文化
山西

吴越文化
江浙

汉唐文化
西安

齐鲁文化
山东

徽州文化
安徽

荆楚文化
湘鄂

以实际出版封面为准

愈了解愈热爱！重新发现中国文化之大美！

这是一套兼具文化深度和知识性的行旅图书。全套12册。

在创作条件上，作者高文麒是得天独厚的：他有多年的实践行旅和切身的旅游经验，记录丰富的行走笔记与行程设计。他从精准的文化与历史角度切入，以了然于心的文化体系和历史脉络为经纬，挑选具有代表性文化的旅行目的地，追本溯源，寻找历史脉理，寻味文化符号……

这一次的文化行旅，真的会很不一样！

阅读行走的视野与深度
寻找人文的鲜活与感动

《汉声》杂志创办人 **黄永松**
台湾大学城乡研究所教授 **夏铸九**
《新民周刊》主笔 **沈嘉禄**

联袂推荐